EL BOLERO LATINO

Helio Orovio
EL BOLERO LATINO

Editorial Letras Cubanas. La Habana, Cuba

Primera reimpresión, 2003

Edición: Silvana Garriga
Ilustración de cubierta: Arístides Pumariega
Corrección: Victoria Hernández
Composición computarizada: Tatiana Sapríkina

© Helio Orovio, 1995
© Sobre la presente edición:
   Editorial Letras Cubanas, 1995

ISBN 959-10-0211-4

Instituto Cubano del Libro
Editorial Letras Cubanas
Palacio del Segundo Cabo
O'Reilly 4, esquina a Tacón
La Habana, Cuba

E-mail: elc@icl.cult.cu

El bolero latino, luego de más de cien años de su nacimiento, sigue vivo. En todo el ámbito americano, y aun en otras latitudes, no sólo se continúa cultivando, sino que acrecienta su presencia en nuevas figuras, estilos, y obras en las que, respetando su esencia, se hacen aportes en los aspectos melódicos, armónicos, temáticos y, especialmente, de instrumentación. Se habla, incluso, de un resurgimiento del género, lo que es verdad en parte, ya que el bolero nunca —cosa comprobable— ha estado ausente del favor popular. Jamás ha muerto un modo de comunicación que es el idóneo para expresar los sentimientos y experiencias de la pareja humana, para decir el amor, la emoción del recuerdo y la ilusión del futuro. Lo que ciertamente ha ocurrido es una marginación de los centros principales de explotación musical y de los focos de irradiación de los medios de comunicación, en aras de la promoción —y saturación— de géneros como la balada, el rock, y modos híbridos. Por supuesto que la música, como todo arte, requiere de una renovación constante. No se puede vivir apegado al nostálgico pasado, eternizándolo. Pero el bolero, como pocas maneras cancioneriles, posee las condiciones para mantenerse como vehículo de comunicación entre las personas, de ahí que exhiba, más que centenario, una pujante vigencia.

En el panorama de la balada-pop de la década del sesenta, con toda su hegemonía, estuvo presente de algún modo el bolero. Si recorremos el arco de influencia del género, se hará evidente que en un país generador por excelencia como México, junto a los nombres de la vieja guardia, afloraron otros de resonancia mundial como Marco Antonio Muñiz, José José y Armando Manzanero; en Centroamérica nunca dejó de cantarse y disfrutarse; en Colombia, al lado de Matilde Díaz y Nelson Pinedo, se desarrollaron voces nuevas dedicadas al canto romántico; en Venezuela siguió el bolero cantante y sonante, y se consolidaron figuras de la importancia de Felipe Pirela; no hay que decir que en Puerto Rico y República Dominicana continuó escuchándose el repertorio bolerístico, en voces como las de Chucho Avellanet y Víctor Víctor.

Más allá, en Estados Unidos, en los medios latinos se mantenía vigente; en España irrumpía por el costado de los grupos de música pop, y ni siquiera los clásicos Beatles se verían libres de su influjo métrico y sonoro.

En los setenta siguió su curso el bolero. En América Latina continuaron entonándolo nuevas voces, como Danny Rivera, Cheo Feliciano y Lucecita Benítez, en Puerto Rico; Sonia Silvestre, en República Dominicana; Oscar Chávez y Eugenia León en México, donde el bolero se mezcló con la ranchera, diálogo que culminó en el estilo de Javier Solís y Vicente Fernández; Vladimir Lozano, en Venezuela; Roberto Carlos —en una especie de bolero-balada—, en Brasil, país en el que tiene largo influjo el género, cantado incluso por figuras como María Bethania...

Luego del predominio de la balada y de la canción rock, los años ochenta han visto el paso del bolero a primer plano. Parece que las gentes, un poco saturadas de letras insulsas y prefabricadas, de ritmos frenéticos y sonoridades estridentes, han visto en su remanso romántico y tranquilo el elixir añorado. Cada vez se escriben e interpretan más boleros. A la música llamada salsa —expresión tropical por antonomasia— ha entrado por la puerta ancha, no sólo tratado como bolero, *con su estructura propia, sino llevado al ritmo salsero, a la métrica de la guaracha-son, con todas sus fusiones. La llamada salsa erótica no es más que el bolero puesto en un tiempo rápido. Y no podemos olvidar las innovaciones interesantísimas que aportan Yordano di Marzo y Juan Luis Guerra.*

Hoy son muchos los nuevos creadores e intérpretes que hacen su aporte a esta música. En Cuba Pablo Milanés graba un disco con ejemplos inmortales; en México Luis Miguel revive piezas antológicas con estilo magistral; y en Norteamérica el catalán Dyango entrega su Corazón de bolero. *El género se viste de oro, mediante novedosas maneras de abordar una manifestación que está enraizada en el ser latino, y que ejemplifica, como ninguna otra, la idiosincrasia romántica de nuestros pueblos.*

EL BOLERO EN CUBA

El bolero cubano, nacido en Santiago de Cuba durante la segunda mitad del siglo XIX, se expandió rápidamente por el ámbito del Caribe, y más tarde por diferentes países latinoamericanos. Heredero de la canción de prosapia hispánica —teñida fuertemente por los elementos de las arias operísticas, la romanza francesa y la canción napolitana—, que ya había sufrido un proceso de cubanización, tiene en el aspecto rítmico un evidente nexo con la danza y la habanera. Dice Argeliers León, refiriéndose a sus orígenes, que «fue surgiendo en el siglo pasado, un nuevo estilo en el acompañamiento guitarrístico, mezcla de rasgueado y punteado, que, a no dudarlo, nos llegaba nuevamente por el camino de renovados contactos con *sones yucatecos*. La presencia de familias y tropas, venidas de las recién instauradas repúblicas latinoamericanas, y el creciente tráfico entre México y los puertos del sur de Cuba, desde los años de la retención de la zona de San Juan de Ulúa por tropas españolas (1825), motivó, todo ello, la introducción de un *rayado rítmico*, muy segmentado y constante en la guitarra prima; acentuado tonalmente en la guitarra segunda. Se producía así un nuevo estilo en el acompañamiento que, al llamarle *bolero*, era como decir: *bolereadamente*».

En la isla sonaba el bolero español, así como los polos y las tiranas, pero de aquel sólo incorporó el nuevo género criollo el nombre, ya que su estructura, en compás de dos por cuatro, difería, aparte de los otros aspectos constitutivos, del tres por cuatro del baile español. Con respecto a la denominación hay varias hipótesis. El modo cancioneril cubano la tomó directamente de su homónimo hispánico, pero el nombre del bolero peninsular parece haberse inspirado en la manera de bailarlo, como volando, boleando...

El cinquillo, proveniente de las músicas folklóricas de Saint-Domingue asentadas en la parte oriental de Cuba, marcó al género en su inicio, como hizo con otras formas cubanas. Los primeros ejemplos bolerísticos estaban basados, rítmicamente, en esa figura, lo que los emparentaba con el danzón. Y así lo cultivaron los trovadores santiagueros, con sus voces —en ocasiones a dúo— y guitarras, desde la década del ochenta del pasado siglo. Se considera como primer bolero compuesto —en 1883— el titulado *Tristezas*, de José *Pepe* Sánchez, cantor, guitarrista intuitivo, autor de canciones y guarachas. Con esta pieza Sánchez conformó la manera inicial del ritmo cantable y danzario que luego recorrería, en serenatas y reuniones, las esquinas de Santiago de Cuba:

>Tristezas me dan tus quejas, mujer,
>profundo dolor se apiada de mí,
>no hay pena mayor que me haga sentir
>cuánto sufro y padezco por ti.

A principios de este siglo, varios trovadores orientales se radican en la capital, y con ellos llevan el ritmo cadencioso y sentimental. Las voces y guitarras de Sindo Garay, Alberto Villalón y Rosendo Ruiz, hacen sonar el bolero en peñas y cafés. Llega, de Caibarién, Manuel Corona. Y en La Habana, poco más tarde, surgen cultivadores del género entre los que descuellan Oscar Hernández y Graciano Gómez. En Sancti Spíritus crean sus piezas Miguel Companioni y Rafael Gómez; en Camagüey, Patricio Ballagas; en Matanzas, Manuel Luna; en Santiago permanecen Juan de Dios Echevarría, Pepe Banderas y Emiliano Blez. Paralelamente van dándose a conocer los grandes dúos de voces que interpretan estas canciones: Floro y Miguel, Juan Cruz y Bienvenido, Tata Villegas y Pancho Majagua, María Teresa y Zequeira, y el inolvidable Sindo Garay (Santiago de Cuba, 12 de abril de 1867-La Habana, 17 de julio de 1968) con sus hijos Guarionex y Hatuey. Años después, Eusebio Delfín entrega este canto inmortal:

>En el tronco de un árbol una niña
>grabó su nombre henchida de placer,
>y el árbol, conmovido allá en su seno,
>a la niña una flor dejó caer.

A fines de la década del veinte el bolero se mezcla con el son, principalmente en septetos y tríos, entre los que sobresale el legendario Trío Matamoros (Siro, Cueto y Miguel), y nace el bolero-son. Empieza a bailarse, con toda la cadencia tropical, el género modelado por Pepe Sánchez cincuenta años atrás. Matamoros (Santiago de Cuba, 8 de mayo de 1894-15 de abril de 1971) vierte sus *Lágrimas negras*:

>Aunque tú me has dejado en el abandono,
>aunque tú has muerto todas mis ilusiones...

En los años treinta producen significativas obras de este estilo Bienvenido Julián Gutiérrez (La Habana, 22 de marzo de 1900-10 de diciembre de 1966): *El huerfanito*; Chicho Ibáñez (1875-1980): *No me perturbes*; Virgilio González: *Clara*; Rafael Ortiz (Cienfuegos, 20 de junio de 1908): *Muy junto al corazón*; Eliseo Silveira: *En el silencio de la noche*; y Marcelino Guerra su muy solicitado *Convergencia*, con letra de Bienvenido J. Gutiérrez, de texto y melodía insólitamente bellos:

> Aurora de rosa en amanecer,
> nota melosa que gimió el violín,
> novelesco insomnio do vivió el amor,
> así eres tú, mujer...

En esta etapa, como resultante de la costumbre implantada por el danzonete, con su parte vocal obligada, y ante la merma en la producción de obras de esta línea, las orquestas tipo charanga incorporaron boleros a su repertorio dentro de sus ejecuciones danzonísticas. Las grandes figuras surgidas con el modo creado por Aniceto Díaz se erigieron en centro de sus respectivas orquestas; son los casos de Fernando Collazo, Pablo Quevedo, Paulina Álvarez, Barbarito Diez, Abelardo Barroso, Alberto Aroche, José Núñez, Dominica Verges y Joseíto Fernández.

Distintos compositores calificados rindieron sus armas ante el ritmo subyugante del bolero. Entre ellos Gonzalo Roig (La Habana, 20 julio de 1890-13 de junio de 1970): *Nunca te lo diré*; Jorge Anckermann (La Habana, 22 de marzo de 1877-3 de febrero de 1941): *Un bolero en la noche*; Ernesto Lecuona, el compositor más universal nacido en Cuba (Guanabacoa, 7 de agosto de 1895-Islas Canarias, 29 de noviembre de 1963): *Noche azul*; Rodrigo Prats (Sagua la Grande, 7 de febrero de 1909-La Habana, 15 de septiembre de 1980): *Miedo al desengaño*; Eliseo Grenet (La Habana, 12 de junio de 1893-4 de diciembre de 1950): *Las perlas de tu boca*; Julio Brito (La Habana, 21 de enero de 1908-30 de julio de 1968): *Mira que eres linda*; y Armando Oréfiche (La Habana, 1911): *Habana de mi amor*. Y entró al repertorio de las orquestas y conjuntos. En 1929 el compositor y pianista Nilo Menéndez (Matanzas, 26 de septiembre de 1902-Los Ángeles, E.U., 25 de septiembre de 1987), con *Aquellos ojos verdes*, texto de Adolfo Utrera, inicia la línea moderna en el romántico género. Tras esa realización rítmico-melódica vienen una serie de composiciones cuyo común denominador es tener el piano como instrumento idóneo.

Una fecha importante en la música de Cuba es el año 1940, que marca, indudablemente, un hito en muchos aspectos relativos al arte de los sonidos.

En el ámbito bolerístico entran en escena creadores e intérpretes que caracterizarán toda una época; sus concepciones temáticas, melódicas y armónicas sientan una línea expresiva que llega a nuestros días, en un momento en que se dejan sentir las canciones de autores mexicanos, de Lara a Grever, con su impronta distintiva. Maravillas de sensibilidad y técnica brotan de las teclas de Orlando de la Rosa (La Habana, 15 de abril de 1919-15 de noviembre de 1957): *No vale la pena*, *Vieja luna* y *Nuestras vidas*; Pedro Junco (Pinar del Río, 22 de febrero de 1920-La Habana, 1943): *Nosotros* y *Soy como soy*; René Touzet (La Habana, 1916): *No te importe saber*, *Anoche aprendí* y *Conversación en tiempo de bolero*; Mario Fernández Porta (Guanabacoa, 1918): *¿Qué me importa?*, *Mentiras tuyas* y *No vuelvo contigo*; Isolina Carrillo (La Habana, 1907): *Dos gardenias*, *Miedo de ti* e *Increíble*; Osvaldo Farrés (Quemado de Güines, 13 de enero de 1902-New Jersey, E.U., 22 de diciembre de 1985): *Toda una vida*, *Acércate más*, *No me vayas a engañar* y *Quizás, quizás*; Bobby Collazo (Marianao, 22 de noviembre de 1916-New York, E.U., 10 de noviembre de 1989): *La última noche*, *Tenía que ser así* y *¿Qué te has creído?*; Felo Bergaza (Trinidad, 1916-La Habana, 1969): *Si tú me lo dijeras* y *Me parece increíble*; Adolfo Guzmán (La Habana, 13 de mayo de 1920-30 de julio de 1976): *No puedo ser feliz*, *Al fin amor* y *Libre de pecado*; Julio Gutiérrez (Manzanillo, 8 de enero de 1912-New York, E.U., 14 de diciembre de 1990): *Llanto de luna*, *Desconfianza* y el inolvidable *Inolvidable*; Juan Bruno Tarraza (Caibarién, 1912): *Soy tuyo*, *Alma libre* y *Soy feliz*; Ignacio Villa, Bola de Nieve (Guanabacoa, 11 de septiembre de 1911-Ciudad México, 2 de octubre de 1971): *Si me pudieras querer* y *No dejes que te olvide*; Ernestina Lecuona (Matanzas, 16 de enero de 1882-La Habana, 3 de septiembre de 1951): *Ya que te vas* y *Ahora que eres mía*; y Fernando Mulens (San Juan de los Ramos, 29 de septiembre de 1920-Puerto Rico, 10 de noviembre de 1986): *Corazón a corazón* y *¿Qué te pedí?* Intérpretes que imponen su sello cantando boleros son, entre otros, Fernando Albuerne, Pepe Reyes, René Cabel, Wilfredo Fernández, y las voces femeninas de Olga Rivero, Elizabeth del Río y la destacadísima Olga Guillot. Antonio Machín pasea el canto romántico por España, y Reinaldo Henríquez lo difunde en los Estados Unidos. Dúos, tríos y cuartetos hacen suyo también el género.

Verdaderos baluartes del bolero son los conjuntos musicales durante los años cuarenta y cincuenta. Pionero puede considerarse al Kubabana, del gran bolerista Alberto Ruiz, creador de todo un estlo y una escuela, donde se formaron Roberto Faz, Orlando Vallejo, Laíto Sureda, Carlos Querol, Nelo Sosa y Mario Recio. Luego vinieron el Casino, con los vocalistas Roberto Espí, Roberto Faz y Orlando Vallejo; la Sonora Matancera, con Bienvenido

Granda, Celio González, y toda una pléyade de solistas invitados; Jóvenes del Cayo, con Alfonsín Quintana y Celio González; Arsenio Rodríguez, con las voces únicas de René Scull, Miguelito Cuní, Conrado Cepero y René Álvarez, que continuaron en el conjunto de Félix Chapottín; y más adelante, Luis Santí y su conjunto, con los cantantes Felo Martínez y Rolito Rodríguez; Nelo Sosa y su conjunto Colonial; y el formidable grupo de Roberto Faz, donde también figuraron los vocalistas Rolito y Orlando Reyes. Por su parte, las orquestas tipo jazz band ponen al frente boleristas de la talla de Tito Gómez (Riverside), Carlos Díaz (Hermanos Castro), Fernando González y Tata Ramos (Duarte), Fernando Álvarez y Pacho Alonso (Mercerón). La Cosmopolita se especializa en el acompañamiento de vocalistas cubanos y extranjeros, especialmente en el género bolerístico; la Casino de la Playa difunde sus boleros, interpretados por Walfredo de los Reyes y, de vez en vez, por Miguelito Valdés.

Punto y aparte merece la presencia de Benny Moré (1919-1963), que eleva el sentimiento a la quinta potencia, con su genialidad interpretativa, lo mismo con las orquestas de Mercerón, Duarte y Bebo Valdés (con la que grabó Rolando Laserie boleros en estilo soneado), que más tarde con su Banda.

A finales de la década del cuarenta del siglo actual, comienzan a dar a conocer sus canciones un grupo de creadores que conformarían el movimiento del feeling. Se reúnen, remedando a los viejos trovadores, en casas, parques y cafés del centro de La Habana; un sitio habitual de actividades es la casa del trovador Tirso Díaz, ya que sus hijos, Ángel y Tirso, están vinculados al grupo. Entre los filinistas iniciales se cuentan Luis Yáñez, Jorge Mazón, Niño Rivera, Rosendo Ruiz (hijo), Ñico Rojas, Jorge Zamora, Justo Fuentes, Armando Peñalver, y los dos más importantes creadores dentro del bolero-feeling: José Antonio Méndez y César Portillo de la Luz; cantantes femeninas como Elena Burke, Moraima Secada y Omara Portuondo; y brinda su apoyo un pianista ya hecho; Frank Emilio Flyn. Todos crean y *dicen* sus canciones acompañándose de la guitarra. En el feeling, según Rosendo Ruiz (hijo), «La melodía abandona la quietud tonal, aborda las modulaciones y, armónicamente, se amplía el enlace de los acordes tonales y extratonales [...], en las canciones del feeling la melodía es consecuencia de la armonía. A su vez la armonía amplía la gama de recursos técnicos que caracterizan a la trova tradicional (desarrollada por lo general en el marco de un tranquilo diatonismo) y aborda el impresionismo debussista, que llegaba pasando por el filtro de la música norteamericana.»

En esta modalidad cancioneril el intérprete adopta un estilo expresivo, conversacional. Aun cuando las canciones filinescas posean libertad interpretativa en lo formal, están sujetas a la posibilidad de ceñirlas a un esquema rítmico fijo, y entonces funcionan como boleros. Es lo que sucedió con *La gloria eres tú*, *Quiéreme y verás* y *Novia mía*, de José Antonio Méndez; *Delirio*, *Nuestra canción* y *Contigo en la distancia*, de César Portillo de la Luz; *Oh, vida*, de Luis Yañéz-Rolando Gómez; *Tú, mi rosa azul*, de Jorge Mazón; *Fiesta en el cielo*, de Niño Rivera; *Hasta mañana, vida mía*, de Rosendo Ruiz; *Mi ayer*, de Ñico Rojas; *Derroche de felicidad*, de Jorge Zamora; *Me parece mentira*, de Armando Peñalver; y *Rosa mustia*, de Ángel Díaz.

Los años cincuenta ven surgir nuevas fusiones, como el bolero-mambo, el bolero-cha, y un bolero moruno, mezcla de melodías de cante jondo con rítmica afrocubana. Y son diversos los autores que aportan piezas al género. Mario Álvarez, radicado en México, ya había traído su *Sabor de engaño*, y ahora llegaba con *Vuélveme a querer*, como los hermanos Rigual —Carlos, Mario y Pituko— con *Te adoraré más y más*; Frank Domínguez producía impacto con *Tú me acostumbraste*, *Imágenes* y *Un pedacito de cielo*; Juan Arrondo, con *Qué pena me da*; José Dolores Quiñones, con *Vendaval sin rumbo* y *Los aretes de la luna*; y Ernesto Duarte, con *¿Cómo fue?* Tania Castellanos ofrecía *En nosotros*; Piloto y Vera, *Añorado encuentro* y *Fidelidad*; Pedro Vega, *Hoy como ayer*; Marta Valdés, *Tú no sospechas* y *En la imaginación*; Ricardo García Perdomo, *Total*; Félix Reina, *Si te contara*; Rolando S. Rabí, *Humo y espuma*; Carlos Puebla, *Quiero hablar contigo*; Leopoldo Ulloa, *Mi súplica* y *En el balcón aquel*; Ricardo Pérez, *Tú me sabes comprender*; Humberto Jauma, *Sólo por rencor* y *Si no vuelves*; Walfrido Guevara, *Derrotado corazón*; Lilí Martínez, *Esto sí se llama querer*; y, señaladamente, Luis Marquetti da a conocer *Deuda*, *Plazos traicioneros*, *Amor qué malo eres*; y *Llevarás la marca*:

> Yo comprendo
> que en mi pobreza llevo mi rival...

Intérpretes notables cubren la década del cincuenta. Un pionero de las maneras contemporáneas, Miguel de Gonzalo, y una señora de la canción, Esther Borja, se mantienen vigentes junto a vocalistas de agrupaciones que salen al ruedo por cuenta propia: Fernando Álvarez, Pacho Alonso, Orlando Vallejo y Aurelio Reinoso. Grandes voces del decenio anterior siguen activas. Y se dan a conocer, entrados los sesenta, boleristas como Gina León, Lino Borges, José Tejedor, Blanca Rosa Gil, Roberto Sánchez y Orlando Contreras. Paralelamente, difunden el bolero en ultramar intérpretes excepcionales como Vicentico Valdés, Panchito Riset y Roberto Ledesma.

El género se expandió desde los años iniciales del siglo XX hacia países hispanoparlantes del Caribe y del territorio continental: Puerto Rico, República Dominicana, México, Panamá, Colombia, Venezuela, Chile, Argentina, y llegó hasta Brasil. Viajó a España, de donde había venido su nombre junto a elementos raigales. Triunfó en pleno corazón de New York, en las comunidades latinas.

Hoy, en Cuba, cuna del bolero, sigue vigente el sentimiento hecho canto. Continúan su carrera excelsos boleristas de antaño, junto a nuevos valores. Y se componen obras con timbre y factura temático-melódico-armónica actualizados, entre los que deben mencionarse *El amor se acaba*, de Osvaldo Rodríguez; *Quédate este bolero*, de Amaury Pérez; *El breve espacio en que no estás*, de Pablo Milanés, y *Un bolerón*, de Alfredo Rodríguez. Un cantor canario de ancestro cubano, Braulio, radicado en tierras floridanas, declara orgulloso, con ritmo de fondo: «A mí me amamantaron con boleros.»

TRISTEZAS

Bolero

José (Pepe) Sánchez
(1856-1918)

AQUELLOS OJOS VERDES
Canción - bolero

Letra: Adolfo Utrera
Música: Niló Menéndez
(1906-1987)

LA GLORIA ERES TU
Bolero

José A. Méndez

EL BOLERO EN PUERTO RICO

A la bella isla de Borinquen llegó el bolero gracias a las compañías de teatro bufo y a los espectáculos circenses que salían de Cuba a recorrer los países caribeños. En esas embajadas artísticas tomaban parte guaracheros y boleristas que, guitarra en mano, entonaban sus criollas melodías. Emiliano Blez, famoso trovador oriental, relata ese proceso: «Me inicié en 1894, a los doce años de edad, cantando con Sindo Garay. Trabajábamos de acróbatas en el circo Los Caballitos de Griñán, y durante una gira con la compañía a Puerto Rico conocimos allí a Juan Morell Campos, famoso compositor. Le cantamos un bolero, a Morell le gustó y nos pidió escribir en partitura aquello desconocido para él. No pudimos hacerlo porque no sabíamos pauta...»

Desde entonces el género arraigó de tal modo en la sensibilidad de los puertorriqueños que se convirtió en una música nacional. Las notas del canto amoroso llegaban por dos vías: de una parte, estaban los trovadores, que cantaban a la mujer, a la patria, el paisaje, en noches de bohemia; de otra, los fonógrafos que difundían las producciones musicales cubanas por todo el ámbito del Caribe.

Hay que señalar la importancia que tuvo, para el desarrollo musical borinqueño, la emigración masiva a la ciudad de New York. En un marco social y económico más adelantado, con mayores posibilidades de información, creación y difusión, ya a partir de la segunda década de este siglo los músicos radicados en la Babel se dedican a componer e interpretar el género bolerístico, de manera exitosa.

El creador que constituye la piedra angular del bolero puertorriqueño es indudablemente Rafael Hernández, que nació el 24 de octubre de 1891 en Aguadilla, y murió el 11 de diciembre de 1965, en San Juan. Tocó trombón en la Banda Municipal de San Juan, y más adelante en varias orquestas. En 1917 vive en Estados Unidos y dos años después se radica en La Habana, hasta 1926, cuando vuelve a New York y funda el Trío Borinquen, con el que toca la guitarra y da a conocer sus primeros boleros; luego crea, en 1934, el Cuarteto Victoria. Se radicó por muchos años en Ciudad México, y en

1947 regresa definitivamente a su país natal. Sería interminable la relación de grandes obras que legó al género bolerístico, baste mencionar *Capullito de alelí, Silencio, Ahora seremos felices, Perfume de gardenias, Desvelo de amor, Corazón, no llores, Lo siento por ti, Lamento borincano, Enamorado de ti, Congoja, Desesperación, Canta, Amor ciego, Ya lo verás, Amigo, Diez años, No me quieras tanto, Campanitas de cristal, Preciosa...*

Otro clásico indiscutible de la composición bolerística es Pedro Flores, que nació el 9 de marzo de 1894, en Naguabo, y murió el 13 de julio de 1979, en San Juan. Laboró como profesor y en diversos oficios, hasta que en 1926 se fue a New York, donde más tarde organizó el Cuarteto Flores. Entre las canciones inmortales que produjo se cuentan *Despedida, Linda, Amor perdido, Amor, Venganza, Irresistible, Perdón, Bajo un palmar y Obsesión.*

En la numerosa familia de creadores del bolero boricua ocupa sitio preferencial Plácido Acevedo. Compositor y trompetista, nació el 13 de junio de 1903, en Aguadilla, aunque desde adolescente vivió en Barceloneta, y falleció en 1974, en Puerto Rico. Fue por los años veinte, en New York, trompetista del Cuarteto Machín, y luego de varios grupos, hasta fundar en 1937, en San Juan, el Cuarteto Mayarí. De su inspiración brotaron boleros como *Boda gris, Por seguir tus huellas, Cabellera blanca, Pobre bardo* y *Un imposible amor.*

Un autor notabilísimo en el panorama cancionístico de la isla, es Felipe Goyco, *Don Felo*, guitarrista, músico intuitivo, que había nacido el 1º de febrero de 1890 en la capital, y falleció el 22 de julio de 1954. Formó parte del grupo Aurora. Entre sus cientos de piezas musicales se deben destacar *Cuando vuelvas, Sólo fue un sueño, Carcelera, Mi dolor es mío* y la exquisita *Madrigal*, cuyo título verdadero es *Estando contigo*.

No puede faltar, en una ojeada a la nómina autoral borinqueña, el nombre de Noel Estrada, el creador de *En mi viejo San Juan*. Oriundo de Isabela (4 de junio de 1918), vivió desde niño en la capital de la isla, donde realizó sus estudios de Administración Comercial. Tocaba el piano y la guitarra, integró un trío de voces y guitarras, y cantó en diversas orquestas. Autor de los boleros *Cada noche, Luna triste, Borincana, Amor del alma, Lo nuestro terminó* y *Llegué muy tarde*, su timbre de gloria es la canción en que canta: «En mi viejo San Juan cuántos sueños forjé/en mis años de infancia...» Falleció el 1º de diciembre de 1973.

Otros compositores notables dentro del género son Silvia Resach (*Di, corazón*), Esteban Taronjí (*Cataclismo*), Mirta Silva (*¿Qué sabes tú?*), Edmundo Disdier (*Máscara*), Roberto Cole (*Olvídame*), Guillermo Venegas (*Génesis*), Benito de Jesús(*Nuestro juramento, Vuelve* y *Sigamos pecando*), Julio Rodríguez, (*Mar y cielo*), Bobby Capó (*Piel canela, Poquita fe* y *Qué* *falta tú me haces*), Johnny Rodríguez (*Fichas negras*), Santiago Alvarado *(Cosas como tú*, letra de E. Hoffman), Pepe Lacomba *(Rebeldía*), Manuel Jiménez (*Temeridad*), Tito Henríquez (*Sollozo*) y Tite Curet Alonso (*La tirana* y *Puro teatro*).

En Puerto Rico han surgido importantes intérpretes del bolero, muchos de los cuales, por cierto, plantaron su tienda en New York desde los años veinte. Allí empezaron a destacarse Pedro Marcano, Claudio Ferrer, Pedro Ortiz Dávila, Pepito Arvelo, José Luis Moneró, Mirta Silva, Daniel Santos, Bobby Capó, Hernando Avilés, Johnny Rodríguez, Tito Rodríguez, Virginia López... Otros como Joe Valle, Carmen Delia Dipiní, Gilberto Monroig, Santos Colón, Ruth Fernández, Vitín Avilés y Charlie Figueroa, comienzan su carrera en Borinquen.

Pedro Marcano dirigió el conocido cuarteto de su nombre, en el que destacaba como voz prima, con el segundo bien logrado de Claudio Ferrer. Davilita integró inicialmente, como vocalista, el Sexteto Flores, y luego la Orquesta Socarrás, el Cuarteto Victoria, el Quinteto La Plata y la orquesta de Noro Morales, y realizó innumerables grabaciones. Pepito Arvelo, guitarrista, cantó con el Cuarteto Victoria y con la orquesta de Xavier Cugat. Moneró fue vocalista de la orquesta de Rafael Muñoz, en Puerto Rico, y en New York trabajó con Xavier Cugat; de nuevo en Borinquen cantó en la Orquesta Siboney. Mirta Silva se destacó como intérprete de música movida, sobre todo guarachas, pero también cantó (y compuso) boleros inolvidables.

Daniel Santos es, sin dudas, una de las figuras más grandes del bolero y del canto popular, a escala universal. Personaje legendario, inició su carrera en los *newyores* con el Cuarteto Flores, y pasó a la orquesta de Xavier Cugat; desde 1948 se unió como solista a la Sonora Matancera, y vivió en Cuba hasta 1960. Había nacido en 1916, en San Juan, y falleció en 1992, en La Florida.

Bobby Capó es otro cantante fundamental del bolero antillano. Natural de Coamo, localidad donde vino al mundo en 1909, Félix Rodríguez Capó inició su carrera en el Cuarteto Victoria, en New York, y estuvo después con el Cuarteto Caney y con la orquesta de Xavier Cugat; más tarde se hizo solista y actuó exitosamente en muchos países de América; falleció en 1989, en Manhattan.

Hernando Avilés, antes de ser voz prima en el trío Los Panchos, se presentó como solista, al igual que Johnny Rodríguez, quien después cantó en varias orquestas y formó su famoso trío; cosa diferente ocurrió con su hermano, Tito Rodríguez, que se inició en agrupaciones —Cuarteto Mayarí, Cuarteto Marcano, orquestas de Enric Madriguera, de Xavier Cugat, de José Curbelo y de Noro Morales— para convertirse seguidamente en una de las más originales voces del bolero.

Virginia López (New York, 1928) vivió de niña, algún tiempo, en Puerto Rico, pero regresó a la Babel y allí desarrolló su vida artística, hasta que se radicó en 1957 en Ciudad México.

Ya por la década del cuarenta, en la «isla del encanto» se van descubriendo las voces y estilos de intérpretes como Joe Valle, que militó en la Orquesta Siboney y luego en las de Miguel Miranda y Rafael Muñoz, antes de ir a New York para incorporarse a la banda de Noro Morales, primero, y a la de César Concepción, después; cantó como solista hasta su muerte en 1980.

Carmen Delia Dipiní ha hecho una notabilísima historia dentro del bolero, gracias a su voz muy grata y al sentimiento con que ha dejado grabados temas populares. Gilberto Monroig, aunque no ha tenido mucha difusión, ha sido un constante cultivador del género romántico, al igual que Santos Colón. Ruth Fernández es una artista ilustre en el panorama musical boricua; aunque ha plasmado bellos boleros, su fuerte está en el campo lírico y las formas folklóricas. Vitín Avilés se estrenó, por la década del cuarenta, en la Orquesta Atuey; más adelante estuvo junto a Tito Rodríguez y en el Sexteto la Playa, y como solista ha grabado cerca de cuarenta discos de larga duración, en los cuales aparecen excelentes versiones bolerísticas. Charlie Figueroa cantó gustados boleros antes de fallecer prematuramente en 1955, a consecuencia de una vida desordenada.

El tipo de bolero que más arraigo ha alcanzado en Puerto Rico y entre la comunidad *newyorican*, ha sido el tropical o antillano, que tuvo su origen en Cuba y su enriquecimiento en México y en el ámbito borinqueño. Muy unido al baile, por su fusión con el ritmo sonero, durante las décadas del treinta, cuarenta y cincuenta fue marcando el sonido de agrupaciones muy conocidas, como los cuartetos Victoria, de Rafael Hernández; Flores; Mayarí, de Plácido Acevedo; Marcano, y el de Manuel Jiménez, y las orquestas de Rafael Muñoz, Noro Morales, César Concepción, Carmelo Díaz Soler, Moncho Usera, Miguel Miranda, Siboney y Panamericana.

Las combinaciones vocales, con respaldo de cuerdas, llenan un importante capítulo en el panorama romántico puertorriqueño. Descuellan los dúos de María Esther Pérez y Felipe Rodríguez, Kike y Tomás, y el muy gustado Irizarry-De Córdova (Aida Irizarry y Adalberto de Córdova). Sin embargo, los más notables son los tríos, entre los que sobresalen el Trío Borinquen, fundado por Rafael Hernández en 1927, con Antonio Mesa y Salvador Ithier; el Trío Vegabajeño, creado en 1940 por Fernandito Álvarez, Benito de Jesús y Pepito Maduro; el Trío San Juan, establecido por Johnny Albino a fines de los cuarenta, con Santiago Alvarado y Ola Martínez; el Trío Los Antares, fundado por Felipe Rodríguez en 1950, con el respaldo de Rafael Scharon,

Sotero Collazo y Raúl Balseiro; el Trío de Johnny Rodríguez y el Trío de Julio Rodríguez.

Actualmente, voces nuevas se entregan al repertorio bolerístico, reviviendo clásicos de antaño y estrenando obras surgidas del estro poético-musical de autores contemporáneos. Figuras que han cubierto un espacio en estos años son Chucho Avellanet, logrado intérprete, al igual que Lucecita Benítez, extraordinaria; Danny Rivera, versátil y de carisma inusual; Julio Ángel, cantor de calibre, y el salsero Cheo Feliciano, de enorme popularidad.

EL BOLERO EN REPÚBLICA DOMINICANA

A fines del pasado siglo comienza a cultivarse el bolero en República Dominicana. En 1894 los trovadores cubanos Sindo Garay y Emiliano Blez llegan a Puerto Plata, al norte del país, como integrantes del circo Los Caballitos de Griñán, que realiza una gira por el Caribe. Garay y Blez cantan boleros suyos —o de otros creadores orientales— acompañados por la guitarra, y el ritmo comienza a adentrarse en la sensibilidad de los músicos populares dominicanos. El cinquillo, base rítmica del bolero cubano antiguo, se va adueñando de voces y cuerdas dentro del ámbito de la trova (curiosamente, este cinquillo, proveniente de Santo Domingo, había viajado a la región oriental de Cuba a principios del siglo XIX), y surgen boleros trovadorescos dominicanos.

Un destacado trovador oriundo de República Dominicana, Juan Pichardo, radicado en Santiago de Cuba desde los años veinte, compone una muestra insuperable del género: *Ojos malignos*, que cada día se canta con mayor reclamo.

El bolero antillano continuó viviendo por décadas en Quisqueya, y fueron surgiendo compositores, intérpretes y orquestas que le dieron auge al canto romántico inmortal.

Juan Lockward es uno de los creadores que logra situar sus números en el gusto popular, lo que consigue a partir de la década del cuarenta con boleros como *Dilema*. Otro tanto ocurre con el compositor Bullumba Landestoy, que entrega éxitos como *Sin poder comprender, Pesar, Eso pretendo yo* y *Penita contigo*.

Un autor importante dentro del bolero dominicano es Luis Kalaff. Bastarían sólo dos números, si no tuviera otros *hits*, para ponerlo en el más alto sitio artístico: *Amor sin esperanzas*, grabado por Celio González, y *Aunque me cueste la vida*, grabado en 1956 por su paisano Alberto Beltrán, quien también popularizó *Todo me gusta de ti*, de Cuto Estévez.

Indudablemente, el autor más importante del género romántico en el país antillano es Mario de Jesús. Natural de San Pedro de Macorís, donde nació el 17 de agosto de 1926, en 1945 se fue a New York; allí laboró en la Peer International, hasta que en 1959 se trasladó a Ciudad México e ingresó en la Editorial Mexicana de Música Internacional, institución que hoy preside. Mario de Jesús Báez es un prolífico creador, con un catálogo de más de trescientas canciones, la mayoría boleros. Entre sus piezas más grabadas y difundidas se pueden mencionar *Ya tú verás*, *No toques ese disco*, *Y...*, *Ya la pagarás*, *Ayúdame, dios mío*, *Que se mueran de envidia*, *Infierno*, *Qué manera de llorar*, *Adelante*, *O*, *Mi amor ante todo* y *El sobre*.

Hay que considerar, entre los compositores destacados, al director de orquesta Luis *Billo* Frómeta, que entregó boleros del estilo de *Cuando estemos viejos*, grabado por Felipe Pirela, así como a Bienvenido Brens, que firma el antológico «Pobrecita golondrina, que aventuras por los mares/del champán y del dolor...»

Sobresale entre los intérpretes del bolero Alberto Beltrán. Nacido en La Romana, el 5 de mayo de 1923, comenzó a cantar en tierra quisqueyana hasta que en 1946 realizó una gira artística por Cuba; tomó parte además en tríos de voces y guitarras, y de regreso a Santo Domingo prosiguió su carrera presentándose en teatros y en emisoras radiales. En 1954, nuevamente en La Habana, empieza a actuar como vocalista con el respaldo de la Sonora Matancera, y de entonces datan sus grandes éxitos, boleros que adquirieron personalidad en su voz. Después de trabajar con la Sonora, grabó con el Conjunto Casino, y siguió luego su actividad como solista. Hace algunos años regaló un LP antológico: *Boleros en smoking*.

En la última década, nuevas figuras han entrado en la órbita del bolero, entre ellas Sonia Silvestre, salida del destacamento de la nueva canción; Fernando Villalona; Víctor Víctor, músico inquieto y renovador, que junto a sus búsquedas en la línea folklórica del merengue, ha incursionado con originalidad en el bolero-son, con piezas como *Mesita de noche*; y sobre todo Juan Luis Guerra, que ha renovado el bolero-son, llamado bachata en tierra dominicana —reminiscencia del influjo del oriente cubano—, con obras como *Burbujas de amor* y *Bachata rosa*. Guerra, luego de sus experimentos con ritmos antillanos, y aparte sus valiosos logros en la línea del novedoso merengue, se ha valido de su timbre vocal extraordinario, su dominio estilístico, su poder creativo y su talento como arreglista, para poner al género romántico por excelencia en plano estelar a escala mundial.

EL BOLERO EN MÉXICO

El bolero, originado en Cuba, entra a México por la vía de Yucatán, desde fines del siglo XIX. Se sabe que las compañías teatrales cubanas visitaban la región yucateca y allá introdujeron sones, guarachas y boleros. En 1908 el trovador Alberto Villalón llega a tierra mexicana con el bolero como divisa, y comienzan las grabaciones discográficas de obras de autores insulares.

Ya en la década del veinte surgen los primeros boleros de creadores mexicanos. *Morenita mía*, de Armando Villarreal, abre el fuego, y le siguen *Presentimiento*, de Emilio Pacheco; *Ella*, de Domingo Casanova; *Beso de muerte*, de Pepe Martínez; *No me olvides*, de Enrique Galaz; *Pájaro azul*, de Pepe Domínguez, y *En el fuego de tus ojos*, de Ricardo Palmerín. Sin embargo, el bolero que impulsa definitivamente al género en tierra azteca es *Nunca*, del cantautor yucateco Guty Cárdenas (con letra de R. López Méndez), estrenado en 1927 en el concurso La Feria de la Canción, en Ciudad México.

Entra a escena, entonces, el más grande creador del bolero mexicano: Agustín Lara. Nacido en la capital, el 30 de octubre de 1897, y fallecido el 6 de noviembre de 1970, insufló un aire renovador al género, tanto en el aspecto literario como en el melódico-armónico. Fue pianista en diversos sitios de recreación y, luego, en emisoras radiales. Compuso en 1928 su bolero *Imposible*, pero es *Mujer* el que lo lleva a una popularidad creciente. Brotan de su inspiración inagotable *Santa, Señora tentación, Palmeras, Oración caribe, Aventurera, Piensa en mí, Lamento jarocho, Amor de mis amores, Veracruz, Humo en los ojos, Palabras de mujer, Pecadora, Solamente una vez, Tu retrato, Regalo de viaje* y otras piezas que han sido interpretadas por los más notables vocalistas, grabadas y difundidas en el mundo, y que mantienen su vigencia.

Los años treinta ven aparecer en México boleros que tienen su sello propio, y que van pasando al teatro, a la radio y al cine. Es el caso de *Negra consentida*, de Joaquín Pardavé; *Silenciosamente*, de Alfonso Esparza Oteo; *Cuando vuelva a tu lado, Así* y *Volveré*, de María Grever (1885-1951), prominente compositora de temas románticos; *Cuando ya no me quieras*, de Los Cuates Castilla; *Vuelve*, de los hermanos Martínez Gil; *Vereda tropical*, de Gonzalo Curiel (1904-1958) excelente pianista, autor de temas muy gustados como *Dime* e *Incertidumbre*, y director de orquesta; *Nocturnal*, del notable pianista, arreglista y director orquestal José Sabre Marroquín; *Quisiera ser* y *Cenizas*, de Wello Rivas; y *Consentida*, de Alfredo Núñez de Borbón.

Un nuevo estilo bolerístico se inaugura en 1940, influido indudablemente por el jazz —en lo armónico—, la canción *slow* norteamericana —en lo melódico— y el beguine —en lo rítmico. Precursor de esta modernización en la estructura del bolero fue Nilo Menéndez al componer en 1930 *Aquellos ojos verdes*, con letra de Adolfo Utrera, radicados ambos cubanos en New York. Posteriormente, en 1935, el compositor estadounidense Cole Porter da a conocer su *Beguine the Beguine* (*Volver a empezar*), utilizando elementos formales esbozados por Menéndez y el acompañamiento rítmico proveniente del bolero-son, especialmente el *rayado* guitarrístico y el *martillo* de la maraca y el bongó. Pablo Dueñas describe este momento en el bolero mexicano: «Esta variante de bolero alteró la fórmula original, pero vistió de modernidad al ritmo. En México, durante los años cuarenta, una gran cantidad de boleros-beguine se hicieron famosos y años más tarde el mariachi lo adoptó para crear la corriente de bolero ranchero, que se basa en el beguine.»

En la línea del bolero moderno aparece Alberto Domínguez, con *Perfidia* y *Frenesí* (grabados en 1939, pero popularizados en 1940), y sus hermanos Abel (*Hay que saber perder*), Ernesto *(Adiós en el puerto)* y Armando *(Miénteme).* En este estilo entrega sus admirables piezas Gabriel Ruiz (Guadalajara, 18 de mayo de 1912), pianista y director orquestal, autor de *Amor, amor, Desesperadamente, De corazón a corazón, Usted, Buenas noches, mi amor, ¿Tú dónde estás?, Condición, Despierta* y muchas otras de excelente factura melódica, que trabajó siempre textos de letristas como López Méndez, Luna de la Fuente, J. A. Zorrilla, Rodolfo Sandoval, E. Nandino y Xavier Villaurrutia. Cosa que hace también, admirablemente, Consuelo Velázquez (Ciudad Guzmán, 19 de agosto de 1920), que regaló obras inmortales como *Amar y vivir, Verdad amarga, Corazón, Que seas feliz* y *Franqueza.* Federico Baena, excelente músico, aporta brillantes muestras del género, entre ellas *Yo vivo mi vida, Que te vaya bien, ¡Ay, cariño!, ¿Dime por qué?,* al igual que Roque Carbajo, autor de *Hoja seca* y *Recuerdos de ti*; Miguel Ángel Valladares, que plasmó *Frío en el alma, Miseria, Pecado* y *Este amor salvaje*; Pablo Beltrán Ruiz, quien con su piano y orquesta perfiló *Somos diferentes*; Enma Elena Valdelamar, creadora de *Mil besos* y *Mucho corazón*; Manuel Álvarez, *Maciste*, que dio un número de siempre: *Angelitos negros* (texto de A. E. Blanco); Pepe Guízar, autor de *Sin ti*; y Manuel Esperón, que compuso dos *hits*: *Amorcito corazón* y *Flor de azalea*.

Muy importante es el aporte de un extraordinario músico, Mario Ruiz Armengol (Veracruz, 17 de marzo de 1914), autor de *Aunque tú no me quieras* (texto de Fernando Fernández), *Muchachita* y *Triste verdad*, y quien con sus novedosos conceptos armónicos enriqueció la instrumentación del bolero. Es de notable relevancia el repertorio que produjo Luis Arcaraz, con sus muy difundidos *Quinto patio*, *Viajera*, *Sombra verde* y *Muñequita de squire* (textos de M. Molina Montes), inseparables del sonido inconfundible de su orquesta.

Durante todo este dilatado período se destacan distintos intérpretes que le dan su sello personal al género. La primera voz que se eleva en el recinto romántico, en los años veinte, es la del yucateco Guty Cárdenas, que interpreta sus boleros con estilo característico, lo mismo que ocurre con Agustín Lara, quien con su piano de fondo *dice* sus canciones de manera única. Los tenores Juan Arvisu, José Mojica, Alfonso Ortiz Tirado y Pedro Vargas hacen suyo el repertorio bolerístico, perfilando una manera lírica que trasciende hasta hoy, sobre todo la impuesta por el inmenso Pedro Vargas (1906-1989), una de las figuras artísticas más grandes del continente americano; se destacan asimismo las sopranos Ana María Fernández, Lupita Palomera, Ana María González, las hermanas Avelina y María Luisa Landín, Elvira Ríos, las hermanas Águila (Esperanza y Paz), y la inigualable María Antonia Peregrino, *Toña la Negra* (1912-1982), cuyo estilo, timbre vocal y dominio técnico la han fijado en el libro de oro del bolero.

Es seguida esa vanguardia por un grupo de tenores que, ya en los años cuarenta, influidos indudablemente por la manera de los *crooners* norteamericanos, le imprimen nuevo aire al género. Fernando Fernández, que aún se mantiene activo; Néstor Chaires, Genaro Salinas, Wello Rivas, Emilio Tuero, Jorge Negrete, Nicolás Urcelay, Chucho Martínez Gil, y Luis Arcaraz, que interpretó exitosamente sus canciones. Ramón Armangod, Tito Guízar y Luis Roldán disfrutan de una etapa de creciente difusión radial y cinematográfica, lo que sucede con destacadas cancioneras como Chela Campos, Eva Garza, Chelo Flores, María Victoria, Marilú Herrera, Amparo Montes y Adelina García.

Un capítulo fundamental en la historia del bolero lo llenan los tríos de voces y guitarras, que comienzan a proliferar desde finales de la década del cuarenta, teniendo como antecedentes los tríos cubanos y puertorriqueños. Inicia ese estilo el trío Los Panchos (Alfredo Gil, Chucho Navarro y Hernando Avilés), que en 1944, en New York, encuentra una fórmula atractiva desde el punto de vista técnico-sonoro: las guitarras de Navarro y Avilés hacen un acompañamiento que fija el aspecto rítmico-armónico, mientras el requinto de Gil borda la melodía; Navarro hace la voz segunda, Gil aporta un tono medio, y Avilés perfila una voz prima, que por momentos alcanza el falsete. Cultivando el bolero (que ya contaba con un precedente azteca en este tipo de agrupación con el Trío Calaveras), Los Panchos llegan a Ciudad México en 1948, y activan el detonador para el nacimiento de excelentes formaciones: Los Tres Diamantes (Enrique Quesada, Gustavo Prado y Saulo Sedano), Los Jaibos (Carlos Crespo, Gilberto Peinado,?), Los Tres Ases (Marco Antonio Muñiz, Juan Neri y Héctor González), Los Tres Caballeros (Roberto Cantoral, Benjamín Correa y Leonel Gálvez), Los Delfines (Erasmo Pérez, José y Jesús Oloarte), Los Tecolines (Sergio y Jorge Flores, Jesús García y Lázaro Galindo) y Los Tres Reyes (Hernando Avilés, Gilberto y Raúl Puente).

Ocurre en 1949 un hecho que aporta otra característica novedosa al bolero mexicano: Pedro Infante graba *Amorcito corazón*, de Esperón y Urdimalas, con acompañamiento de mariachi. Nace el bolero ranchero, que se distingue no por poseer estructura formal propia, sino por el *tempo* emparentado con el bolero-beguine y el sonido que le dan los instrumentos del mariachi. Rubén Fuentes comienza a componer para este tipo de formato: *Si tú me quisieras, Que murmuren, Escándalo, Cien años, Ni por favor*... Y cuando muere Infante en accidente de aviación, llega la voz bien timbrada de Javier Solís, y luego la presencia femenina de María Elena Sandoval, Lola Beltrán y Lucha Villa; actualmente el bolero ranchero tiene como figura principal a Vicente Fernández, que ha ampliado las posibilidades expresivas de esta modalidad al llevar a su ritmo diferentes canciones.

Los años cincuenta ven coronarse con el éxito composiciones de distintos creadores. Claudio Estrada (1910-1984) perfila *Contigo*; Alfredo Gil entrega *Sin un amor* (letra de Chucho Navarro), *Un siglo de ausencia, No trates de mentir* y *Mi último fracaso*; Chucho Navarro aporta *Rayito de luna*; Ñico Jiménez (1919-1959) nos da *Espinita*; Álvaro Carrillo (1921-1959), uno de los autores esenciales dentro del género, plasma los clásicos *Amor mío, Sabrá dios, Un poco más, La mentira* y *Sabor a mí*; Roberto Cantoral (1930) estrena joyas bolerísticas, en letra y melodía, como *La barca, El reloj, Regálame esta noche, Me odio, Déjame solo* y *Soy lo prohibido*, que aún se cantan en todo el orbe. Mención especial para Vicente Garrido (1924), quien ha renovado en sus aspectos literario, melódico y armónico el bolero continental, emparentándose estilísticamente con el bolero feeling cubano, en obras del calibre de *No me platiques, El verdadero amor, Te me olvidas, Todo y nada, Una semana sin ti, Torpeza* y *En tu lugar*.

Intérpretes señalados que se dan a conocer, a partir de entonces, son Marco Antonio Muñiz, Alejandro Algara: Paco Michel, que compone el conocido *Y háblame*; Pepe Jara, e Irma Carlón, filinista de talla, aunque los tríos ocupan el espacio mayor.

En la década del sesenta suenan mucho los boleros de Luis Demetrio, entre ellos *El día, Voy* y *La puerta*, así como los de autores que vienen de atrás: Alfredo Gil: *¿Qué sabes tú?*; Gabriel Ruiz: *El vicio*, Güicho Cisneros: *Negrura*; Adolfo Salas; *Señora bonita*; y de creadores que se estrenan: Lolita de la Colina: *Es que estás enamorada* y *Alguien como tú*; Homero Aguilar, que compone para la Sonora Santane *El nido* y *Déjenme llorar*; y el más importante y trascendente: Armando Manzanero (1935), que ha revitalizado en nuestros días el género con piezas popularísimas *dichas* por él, con su piano de fondo, de modo muy personal. ¿Quién no ha disfrutado de *Esta tarde vi llover, Contigo aprendí, Parece que fue ayer, Voy a apagar la luz, Adoro, Somos novios* y *No*?

Hoy revive el bolero en las voces de Angélica María, José José, Eugenia León, Carlos Lico, Oscar Chávez, Guadalupe Pineda, Rocío Banquells, Luis Miguel, y Juan Gabriel, que se distingue como autor: *No me vuelvo a enamorar*... Entre las orquestas que han difundido el bolero en su faceta bailable, no pueden dejar de mencionarse las de Mario Ruiz Armengol, Pablo Beltrán Ruiz, José Sabre Marroquín, Gonzalo Curiel, Luis Arcaraz, Rafael de Paz, así como los conjuntos Son Clave de Oro, Pregoneros del Recuerdo, Sonora Santanera y Sonora Veracruz; aparte de las muchas orquestas cubanas radicadas en tierra mexicana, como las de Absalón Pérez, Arturo Núñez y Mariano Mercerón, y los conjuntos musicales que han cumplido largas estadías, como el Casino, Sonora Matancera y otros.

Triste Camino

Cancion-Bolero

Agustin Lara
S.A.C.E.M.

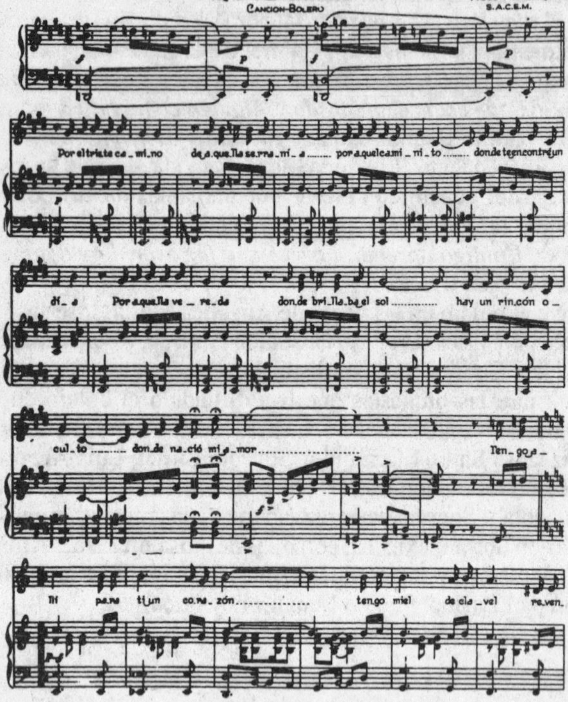

tón .... tengo to.das las co.sas se.cre.tas que tu alma me pi.da .... y tam.
bien una boca que be.se y que nun.ca te ol.vi.da .... Tú sa.brás de mis an _ sias de a.
mor .... mi.ra.nas en mis o _ jos a Dios .... por.que al
fin e.se tris.te ca _ mi.no sem.bra.do de en.sue.ños .... cuan.do mue.ra la tar.de ha de
ver.nos llo.rar a los dos
1.
Ten.go a.
2.
dos ....

Vereda Tropical

Canción-Bolero

GONZALO CURIEL.

REGISTRADO EN CUBA CONFORME A LA LEY

fres ca de a - mor .... y me ju.ró que.rer.me más y más y no olvi.
dar jamás aquella no.che jun to al mar .... hoy .... solo me queda recor.
dar .... mis o.jos mue.ren de llo.rar .... y el al.ma muere de es.pe.
rar
B.
-BOCA CERRADA-
1
2
VOZ
Por

que .... se fue
Vereda tropical ....
mi .... quiero besar su bo - ca otra vez
Ve - re - da .... tro pi - cal ....
AL

EL BOLERO EN CENTROAMÉRICA

EN PANAMÁ

Escenario destacado del bolero ha sido Panamá. Punto de enlace entre las Américas y el mundo, esta característica se ha reflejado en su acontecer en todos los órdenes. En el aspecto musical ha sido una zona receptiva a las más diversas expresiones. El bolero le llega esencialmente de México y de la isla de Cuba, tanto en filmes como en grabaciones discográficas y por artistas que rinden contratos por largas temporadas.

A partir de la década del cuarenta surgen compositores que trabajan el canto-sentimiento. El primero que descuella es Ricardo Fábrega, nacido en Santiago de Veraguas el 28 de enero de 1905, quien desde niño se adentró en la práctica musical. Autor de hermosas piezas como *Noche tropical*, *Aquella melodía*, *Cuando muere la tarde*, *Panamá* y *Taboga*, que fueron escuchadas en la voz de destacadas cantantes, falleció el 18 de febrero de 1973.

Otro que deja honda huella es Arturo Hassan. Descendiente de familia china, nació en Ciudad Panamá el 28 de julio de 1911. Se dedicó por muchos años a las relaciones públicas, y en la esfera de la creación musical mantuvo una sostenida labor. Aparte de obras de cariz folklórico produjo boleros inolvidables, entre ellos el antológico *Soñar* y el casi confesional *Mi último bolero*. Murió el 9 de febrero de 1974.

Carlos Eleta Almarán plasmó un tema romántico que, por sí solo, lo sitúa en la cúspide del arte musical: *Historia de un amor*, inmortalizado en el estilo de Lucho Gatica en 1955. Oriundo de la capital istmeña, donde nació el 16 de mayo de 1918, se dedicó a los negocios y fue dueño de importantes empresas. Su entrega a la música le permitió crear boleros acogidos por buenos vocalistas, entre ellos *Caminos diferentes*, *Buscando un cariño* y *Perdónala, señor*. Pero su clásico será siempre esa página donde se lee: «Ya no estás más a mi lado, corazón, / en el alma sólo tengo soledad...»

Un músico total fue Avelino Muñoz. Nacido en Ciudad Panamá el 20 de diciembre de 1920, en el seno de una familia de músicos, desde muy temprano hizo sólidos estudios del arte de los sonidos; llegó a dominar el piano y el órgano, y luego se perfeccionó en la dirección orquestal. Como arreglista hizo una extraordinaria labor. Residió por muchos años en Ciudad México, y falleció el 24 de enero de 1962, en Puerto Rico. Compuso obras de excelente elaboración, entre las que sobresalen los boleros *Irremediablemente solo* y *Maldición gitana*, grabados en 1950 por Toña la Negra y Bobby Capó.

Debe incluirse en la nómina de autores panameños a José Slater Badán, quien tuvo activa producción de boleros en la década del cincuenta, especialmente durante su estancia en Cuba, donde compuso piezas como *Quémame los ojos*.

Entre los intérpretes se destaca Camilo Rodríguez, quien aportó un estilo muy personal durante sus largos años de vida artística. Recientemente Rubén Blades ha grabado boleros, al igual que Maritza Vargas.

EN COSTA RICA

En tierra costarricense también sentó plaza el bolero, especialmente de procedencia mexicana. Jaime Rico Salazar recuerda cómo México «ha ejercido a través de toda la historia una gran influencia cultural y lógicamente musical; la canción ranchera está ligada profundamente al gusto musical de la gente de estas zonas centroamericanas». Y la radio ha sido el principal vehículo trasmisor.

Hay varios compositores de boleros en Costa Rica. De Mario Chacón es el conocido *Boca de sangre*, mientras que Jesús Bonilla es autor de *Luna liberiana*. Sin embargo, el autor de obras más difundidas es Ricardo Mora (Puriscal, 22 de febrero de 1920), guitarrista y fabricante de guitarras. Radicado desde los quince años de edad en San José, se dedicó a la composición, en especial de boleros, y logró temas de éxito como *¿Por qué me engañas, corazón?* y *Noche inolvidable*.

Distintos cancioneros han cultivado el género, entre ellos Rafa Pérez, que ha aportado buenas interpretaciones en vivo y en discos.

EN OTROS PAÍSES

Aparte del consumo popular de piezas bolerísticas, y de la existencia de buenos intérpretes vocales, en otros países centroamericanos hay muestras logradas del género, como *Sinceridad*, del nicaragüense Gastón Pérez; *Sobre la playa*, del salvadoreño Francisco Lara; y *Pensando en ti*, del guatemalteco Alfonso Torres.

EL BOLERO EN SURAMÉRICA

EN VENEZUELA

A Venezuela llega el bolero tropical, por los años cuarenta, gracias fundamentalmente a las emisoras radiales cubanas, que mucho se oían en este país de cara al Mar Caribe. Los programas de la RHC Cadena Azul, CMQ y Radio Progreso eran los favoritos de mucha gente, y en ellos actuaban solistas y orquestas que obtenían, así, considerable popularidad. Por otra vía, de la vecina Colombia también llegaban voces del bolero. Los venezolanos pudieron desde entonces escuchar y bailar el ritmo antillano.

No tardaron en surgir orquestas caraqueñas asociadas al género, principalmente la de Aldemaro Romero, y la Billos Caracas Boys, bajo la batuta de Billo Frómeta. Y, por supuesto, vocalistas que hicieron del bolero su centro de proyección artística.

Eduardo Lanz fue uno de los primeros intérpretes que abrazó este ritmo subyugante. Grabó en Colombia a principios de la década del cuarenta diversos boleros, acompañado por la orquesta del español José María Tena; luego realizó grabaciones en Argentina, con el respaldo de Don Américo y sus Caribes. En Caracas, más tarde, dirigió una escuela de canto.

Alfredo Sadel, nacido en Caracas el 22 de febrero de 1930, comenzó a cantar muy joven en su país. En 1952 marchó a Estados Unidos, donde actuó en el Carnegie Hall, en el Château Madrid y en programas televisivos de la NBC. A partir de 1954 se presentó en Cuba, México, Colombia, Argentina y Venezuela. Filmó diversas películas mexicanas, y cultivó, a partir de 1962, el género operístico. Su mayor aporte, sin embargo, está en el campo de la canción romántica, especialmente en el bolero. Compuso algunos números, como *Una noche contigo* y *Fuego de amor*.

Otros intérpretes destacados son Rafa Galindo, Mario Suárez y Héctor Cabrera, que han realizado giras por diferentes países latinoamericanos y han grabado muy gustados discos. Notabilísimo fue Felipe Pirela, bautizado como *El Bolerista de América*. Oriundo de Maracaibo, donde nació el 4 de septiembre de 1941, tuvo una meteórica carrera hacia la fama, y una existencia fugaz, pues murió asesinado en Santurce, Puerto Rico, el 29 de junio de 1974, a los treinta y tres años, por causas aún no aclaradas. Pirela poseyó un estilo muy particular, que trasuntaba una fuerte sensibilidad expresiva, lo que junto a su bien timbrada voz le ganó merecida popularidad.

Aunque no ha sido pródiga en compositores de boleros, Venezuela es la cuna de autores como María Luisa Escobar, Chelique Sarabia, Aldemaro Romero, Alfredo Sadel, Ilán Chester y Yordano di Marzo.

En años recientes han tenido mucha popularidad, en el país y en el extranjero, boleristas de talla como Vladimir Lozano, Soledad Bravo, José Luis Rodríguez, Gisela Guedes, y un intérprete de música sonera que ha incursionado con estilo propio en el género: Oscar d'León.

EN COLOMBIA

Colombia entra en contacto con el género bolerístico a principios de la década del treinta. Las emisoras radiales fueron el vehículo introductorio. Llegaban las canciones de México, de Cuba y de Puerto Rico, en las voces de Juan Arvisu, Ortiz Tirado, Elvira Ríos, Agustín Lara, Las Hermanas Águila, Pedro Vargas, Rosario García Orellana, René Cabel y otros. La visita del Trío Matamoros, en 1932, significó la primera confrontación, en vivo, del público colombiano con cultores del nuevo ritmo que iba penetrando las más hondas capas del país.

Jaime Rico Salazar informa que los primeros intérpretes del bolero en tierra colombiana fueron el cancionero Luis Macías y el Dúo Hermanas Domínguez (Marta e Inés), seguidos por Pepe León, Gerardo Lenis y Hernando Muñoz. Las orquestas acompañantes de José María Tena, radicado en Medellín, y Pietro Mascheroni, brindaban marco adecuado a vocalistas nacionales o extranjeros. Años después surgiría el cantor más destacado que ha dado Colombia, el barítono Carlos J. Ramírez.

Nacido en Tocaima, el 4 de agosto de 1914, Ramírez se radicó muy joven en Bogotá. En 1935 emprendió una gira por Suramérica, y de ahí a New York, donde triunfó ampliamente con sus presentaciones en teatros, centros nocturnos, programas musicales de Radio City, y su intervención en diez filmes; luego recorrió las principales ciudades del mundo, actuando en teatros y en cabarets. En 1951 se vinculó al Trío Dalmar. Hizo excelentes grabaciones, particularmente de boleros. Vivió sus últimos años en Bogotá, y falleció el 12 de diciembre de 1986, en Estados Unidos.

Rico Salazar cuenta cómo, a partir de 1944, comenzaron a llegar a Colombia los primeros boleros grabados en Argentina por intérpretes como Leo Marini, Hugo Romani, Fernando Torres, Gregorio Barrios y Fernando Albuerne, con el respaldo de Don Américo y sus Caribes, e impusieron su sello a los cultivadores y admiradores del género.

El primer bolero escrito por autor colombiano fue *Te amo*, de Jorge Añez, grabado en New York por Tito Guízar. Este abrió la senda por la que transitaron creadores como José Barros, Lucho Bermúdez, Jaime Echavarría, Álvaro Dalmar y Edmundo Arias, que han plasmado obras de indudable valor en texto y melodía, y cuyas grabaciones, en la voz de notables intérpretes, figuran en las mejores colecciones.

José Barros nació el 21 de marzo de 1915, en el puerto fluvial de El Banco, en el Magdalena. Ha vivido en diversas ciudades colombianas —Cali, Buenaventura, Bogotá— y ha residido temporalmente en Ecuador, Panamá, Ciudad México y Perú. Es autor de los boleros *Busco tu recuerdo*, *No pises mi camino*, *Carnaval* y *Como tú reías*.

Destacadísimo director de orquesta bailable, Lucho Bermúdez nació en Carmen de Bolívar, el 25 de enero de 1912, y vivió de niño en Santa Marta, donde aprendió música, destacándose en el saxofón y el clarinete. Fundó su orquesta en Cartagena, y luego organizó otra en Bogotá, con Matilde Díaz como cantante. Aparte de música tropical —cumbias y porros— ha compuesto boleros de mucho éxito como *Añoranza*, *Son cosas tuyas*, *Te busco* y otros.

Creador autodidacta es Jaime Echavarría, natural de Medellín (13 de noviembre de 1923). Se ha acompañado al piano como intérprete vocal de sus boleros, aunque generalmente los ha entregado a cantantes de nombre. Entre sus canciones más conocidas se cuentan *Me estás haciendo falta*, *Entre cuatro paredes* y *Yo nací para tí*.

Álvaro Dalmar es uno de los más prolíficos compositores de Colombia. Oriundo de la capital (7 de marzo de 1923), aprendió a tocar la guitarra y el tiple desde niño, y estudió música entre 1939 y 1946 en la Academia Juilliard, en New York. Hizo varias presentaciones como concertista de guitarra clásica en Estados Unidos; más tarde dirigió una orquesta en Las Vegas, y produjo música incidental para filmes en Hollywood. Se estableció por varios años en España y luego regresó a Colombia, donde fundó el Quinteto Dalmar. En la esfera de la música popular, estuvo al frente del trío de voces y guitarras Dalmar, con el que interpretó canciones y boleros suyos y de otros autores. Entre sus boleros se destacan *No me lo niegues*, *Orgullosa*, *¿Qué más quieres pedirme?*, *Cobarde*, *Divino milagro*, *Tan lejos*, *La carta*, *Pensándolo bien*, *Nada espero* y *¿Di qué has hecho de mi amor?*

Otro buen compositor de boleros es Edmundo Arias. Natural de Tuluá, donde vino al mundo el 5 de diciembre de 1925, estudió música con su padre; llegó a dominar varios instrumentos de cuerda, aunque se dedicó al contrabajo, y dirigió una orquesa en Medellín. En 1957 dio a conocer, en la voz de Jorge Ochoa, su bolero *Me da lo mismo*, al que siguieron *Si hoy fuera ayer*, grabado por Julio Jaramillo, y *Evocación*, éxito en la voz de Carlos Arturo González. Ha hecho un importante trabajo como director de orquesta y arreglista de música popular.

Como autor y como vocalista desempeñó una sostenida labor Régulo Ramírez (Líbano, 6 de noviembre de 1926). A partir de 1945 actuó en la radio y en centros nocturnos. Viajó por Ecuador, Perú, Chile, Argentina, Uruguay, Brasil, y por países europeos, siempre como intérprete del cancionero romántico. Poseía una voz de barítono bien timbrada, que dejó en numerosas grabaciones, hasta su repentino fallecimiento en 1979. Es autor de los boleros *Perdóname otra vez, Eres tú mi amor, Márchate, corazón, Para ti* y *Cuánto diera*.

La nómina de intérpretes colombianos del bolero es amplia, y en ella sobresalen las figuras de Víctor Hugo Ayala, Alberto Granados, Lucho Ramírez, Alberto Osorio, y el barranquillero Nelson Pinedo, que aparte de su dedicación básica a la música movida —cumbias y porros— interpretó exitosamente algunos boleros como *Corazón sin puerto, Indiferente, Desesperación* y *Te engañaron, corazón*. Entre las féminas hay que mencionar a Ester Forero, Ligia Mayo, Dionne Restrepo, y a la destacadísima Matilde Díaz, una de las más altas voces de la canción popular en América Latina.

Han sido numerosos los tríos colombianos dedicados al cultivo de la canción romántica por excelencia, entre ellos Los Provincianos, Los Romanceros, el Trío Marino, y el más reconocido internacionalmente, el Trío Dalmar. Asimismo se cuentan orquestas que acogieron el ritmo del bolero bailable, como la de José María Tena, la de Lucho Bermúdez, la de Nano Rodríguez, la de Alex Tovar, y el grupo musical del pianista y organista Jaime Llano, notable compositor y arreglista.

Varias figuras nuevas se han acercado al género bolerístico, que revive en las voces de Alci Acosta, Carlos Arturo González y, a escala internacional, en el estilo de Gladys Caldas, Claudia de Colombia y Patricia González.

EN ECUADOR

Desde finales de la década del treinta empiezan a escucharse boleros en Ecuador, debido a la influencia radial y artística de la vecina Colombia. Junto a pasillos y sanjuanitos, los músicos ecuatorianos comienzan a trabajar el género romántico, principalmente el bolero suave, lento, cancionístico, que se escuchaba en serenatas y en ocasiones de bohemia sentimental.

La primera figura notable que aporta la nación suramericana es Olimpo Cárdenas. Nacido en Vinces, el 2 de julio de 1927, vivió desde niño en Guayaquil, ciudad costeña donde los ritmos tropicales han tenido mucha aceptación. Muy joven se inició en la canción, y formó dúo con el compositor Carlos Rubira; luego promovió el Trío Emperador, junto a Pepe Jaramillo y Plutarco Uquillas. En 1953 se hizo solista y se radicó en Cali. Continuó en diversos países latinoamericanos su carrera artística.

Entre los tríos que se destacan en tierra ecuatoriana, ocupa lugar principalísimo Los Embajadores, fundado en Quito en 1950. Integrado por Carlos Alberto Jervis —voz prima—, Rafael de J. Jervis —voz segunda y guitarra— y Guillermo E. Rodríguez —requinto—, tuvo desde su inicio buena recepción, no sólo en Ecuador sino en Colombia y en México. Además de sus presentaciones en radio, televisión y en centros nocturnos, hicieron grabaciones de boleros clásicos del repertorio continental.

Otro trío ecuatoriano que se destacó, durante la década del sesenta, fue Los Brillantes. Formado por la argentina Olga Gutiérrez junto a Héctor Jaramillo y Homero Idrovo, actuaron en Ecuador, México y Colombia; realizaron notables grabaciones y estrenaron canciones y boleros de autores latinoamericanos.

El intérprete vocal más notable en el ámbito del bolero en Ecuador es Julio Jaramillo. Nacido en Guayaquil, el 1º de octubre de 1935, inició su carrera profesional a los veinte años de edad, con presentaciones en la radio y en teatros, y con grabaciones que tuvieron buena acogida. En 1956 hizo una gira por Colombia, y en años posteriores actuó en diversos países latinoamericanos. Residió durante diez años en Venezuela, y grabó boleros que le otorgaron popularidad, gracias a un estilo propio y a una indiscutible sensibilidad expresiva. Jaramillo tuvo, como señala Rico Salazar, «una vida desorganizada y de tremenda bohemia, que rápidamente lo llevó a la tumba». Falleció el 10 de febrero de 1978, pero sus logradas muestras interpretativas quedan en el archivo sonoro de muchos bolerómanos.

EN PERÚ

A tierra peruana llega también el bolero, especialmente en su aspecto cancionístico, suave, lírico. Desde los años cuarenta el público limeño acepta el género, que viene a convivir con valses y marineras. Las grabaciones discográficas penetran en emisoras radiales y en casas, poniendo en órbita las voces de cancionistas mexicanos, cubanos, colombianos...

No son numerosos los boleros que surgen del estro de autores de Perú, aunque números como *Osito de felpa*, de Mario Cavagnaro, y *Vanidad*, de Armando González, obtienen éxito internacional. Diversos vocalistas del país andino incorporan el repertorio bolerístico iberoamericano con indudable calidad.

Una cancionera notable es María de Jesús Vázquez, que aparte de en su patria, ha hecho carrera en México desde la década del sesenta, lo que ocurre también con otra excelente intérprete del género: Tania Libertad, que ha realzado la música folklórica latinoamericana y en especial el bolero en su línea más tradicional. Poseedora de buena técnica vocal, de inteligente expresión y de un indiscutible carisma personal, es la más relevante figura del canto peruano en la esfera romántica de las últimas décadas. Otro cantante destacado es Lucho Barrios, quien ha hecho exitosas giras por América y Europa, con amplio repertorio de boleros.

EN CHILE

El bolero, como expresión de la canción romántica, llega a Chile durante la década del treinta, especialmente en la voz de grandes intérpretes mexicanos —Alfonso Ortiz Tirado, Juan Arvisu, José Mojica—, y por la vía del disco y el cine. Enseguida, ya en los primeros años de la década del cuarenta, surgen autores e intérpretes chilenos que cultivan el nuevo género, y la canción lánguida y ensoñadora entra a un ámbito en el que predominaban la tonada y la cueca. Las emisoras radiales y los teatros de las ciudades importantes brindan marco apropiado a la irrupción bolerística, y comienzan a escucharse las voces románticas por Santiago, Viña del Mar, Rancagua, Valparaíso...

Uno de los primeros compositores chilenos que aborda el bolero es Francisco Flores. Nacido en la capital, el 16 de marzo de 1907, se inició como cantante y en 1929 fue a Estados Unidos con el fin de cursar estudios musicales. Allí permaneció por ocho años, actuando en hoteles de New York y Los Ángeles, y luego en radio, teatro y cine (figuró en el filme *El día que me quieras*, junto a Carlos Gardel). Grabó diversos discos para la marca Columbia y más tarde, en Chile, continuó su carrera como vocalista. En 1942 compuso el bolero *Sufrir*, que tiene numerosas versiones, y luego entregó *Nieblas* y *Agonía* (famosa en la voz de Leo Marini): «Tengo que pasar por tu casa/para llegar a la mía...»

Otro autor de boleros importante en la nómina chilena es Luis Aguirre. Oriundo de Copiapó, donde nació el 10 de agosto de 1907, vivió desde niño en Santiago de Chile. Ejecutante de la guitarra y el violín, como compositor posee una extensa producción, iniciada en 1924 con la canción *Lluvia de besos*, seguida de *Canción de ausencia, Rayo de luna, Cerca de ti, Inútilmente* y *Un día llegarás*.

Además, han trabajado en la línea del bolero creadores como Jaime Atria, Clara Solovera, Chito Faró y Nicanor Molinare, así como Juan S. Garrido, radicado a partir de 1932 en Ciudad México, autor de *Luna sobre Xalapa* y otros temas.

Entre los intérpretes chilenos que han descollado en el bolero, desde los años cuarenta hasta hoy, ocupan lugar principalísimo Mario Arancibia, Oswaldo Gómez, Antonio Prieto, Arturo Gatica, y el inmenso Lucho Gatica —Rancagua, 11 de agosto de 1928—, una de las voces más importantes del género a escala mundial. Gatica dio inicio a su carrera en Chile, y a partir de 1954 se presentó en países de América Latina con enorme éxito. Sus discos se escuchan en todas partes, y todavía canta.

Orquestas como las de Luis Aguirre, Federico Ojeda y Carlos Arijita se dedicaron a tocar boleros del amplio repertorio latinoamericano, a veces acompañando a intérpretes notables. También incluyeron boleros en su repertorio grupos como Los Hermanos Silva y Los Huasos Quincheros, así como los tríos Hermanos Arriagada y Los Ángeles Negros. Mención aparte para el dúo de Sonia y Miriam, que han impreso sus voces en boleros memorables con reconocida maestría. En años recientes ha obtenido renombre internacional la cancionera Miriam Hernández.

EN ARGENTINA

Durante la década del treinta, el tango y la milonga acaparaban la sensibilidad del público argentino. Carlos Gardel proyectaba su arte inmortal hacia todas las latitudes. Y en ese marco, tímidamente, comienza a penetrar el bolero, que va llegando, al igual que en Chile, en la voz de intérpretes mexicanos. En 1934 visita a Buenos Aires el tenor Alfonso Ortiz Tirado, y al siguiente año llega José Mojica. Ambos van permeando el gusto del argentino medio con una serie de bellas canciones románticas, y ya en la década del cuarenta se hacen populares los cancioneros Pedro Vargas, Genaro Salinas, Juan Arvisu, y las voces femeninas de Ana María González y Elvira Ríos.

Bajo el influjo de la expresión romántica surge, como señala Jaime Rico Salazar, el primer bolero compuesto por autor argentino. Se titula *Cuando tú me olvides* y lo concibe una mujer: Maruja Pacheco:

> A través del tiempo,
> cuando tú me olvides,
> silenciosamente
> vivirás en mí,
> porque en la penumbra
> de mi pensamiento
> todos los recuerdos
> me hablarán de ti...

Le seguirán otros ejemplares del género. El ritmo suave, cadencioso, del bolero tropical iba entrando a las aguas del Río de la Plata. Y ni siquiera Gardel pudo sustraerse al nuevo modo, pues dos de sus canciones grabadas: *Por tus ojos negros*, de Lepera y Lenzi, con música del cubano Justo Azpiazu, y *Cuando tú no estás*, de Lepera, Lattés y Gardel, ambas de 1933, se sustentan en el ritmo del bolero. Homero Expósito entrega *Vete de mí*; Oscar Kinleiner compone el clásico *Una aventura más*, y Atilio Bruni perfila *Ansiedad*. Un compositor nacido en España, pero radicado en Argentina desde niño, Luis Martínez Serrano, compone bellos boleros: *Si no estás conmigo*, *Con toda el alma* y *No me lo pidas*.

A mediados de los años cuarenta comienza a destacarse como cancionero un joven argentino, nacido en Ayacucho —9 de octubre de 1922— y radicado en Buenos Aires: Mario Clavell. Había estudiado guitarra, y cantó con la orquesta de Adolfo Carabeli, pero no sólo interpreta boleros, sino los compone: uno tras otro empezaron a popularizarse los suyos, y al excelente *¿Qué será de mí?* siguieron *Mi carta*, *Tú no quisiste*, *Hasta siempre*, *Abrázame así* y *Somos*:

> Somos un sueño imposible
> que busca la noche
> para olvidarse del mundo,
> de dios y de todo...

Aún sigue componiendo temas y llevando por el mundo, en su voz, boleros exitosos.

Domingo Fabiano, *Don Fabián*, es otro compositor argentino que ha legado boleros admirables. Natural de Córdova, se estableció en 1940 en

Buenos Aires, donde tocó piano en varias orquestas y dirigió en Radio El Mundo. Autor de *Infortunio*, popularizado por Leo Marini; *No te olvides de mí, corazón, Cobardía*, y el ya clásico *Dos almas*:

> Dos almas en el mundo
> había unido dios;
> dos almas que se amaban,
> eso éramos tú y yo.

El tango ríoplatense, con su compás de dos por cuatro, su *tempo* cadencioso, su baile en pareja, sus letras sentimentales, y el influjo de la habanera, dejaba el terreno abonado para el florecimiento del bolero. Y al reclamo de un público debían responder los intérpretes nacionales. Así nacen las voces y estilos de Leo Marini, Hugo Romani, Eduardo Farrel, Fernando Torres... Si Torres, que hizo época como vocalista de los Lecuona Cuban Boys y Don Américo y sus Caribes, dejó como solista una estela de éxitos; Farrel, que engrosó las filas de Don Américo y la Orquesta Cóspito, fue reconocido como un buen *crooner*, y Hugo Romani (su nombre es Antonio Bianchi) fue considerado, desde mediados de los años cuarenta, uno de los mejores exponentes de la canción romántica en Suramérica. Leo Marini (su nombre es Alberto Batet), mendocino como Romani, resulta no sólo el más célebre bolerista que ha dado Argentina, sino uno de los más notables a escala internacional. Su bello timbre, sentido melódico y manera originalísima de *decir*, lo han hecho todo un clásico del género. A la presencia del bolero-canción no pudo sustraerse, incluso, una figura como Libertad Lamarque, que ha interpretado numerosas obras del repertorio latinoamericano. El tenor español Gregorio Barrios grabó muchos boleros famosos durante su larga estancia en Buenos Aires.

Entre las orquestas que se adentraron en el género, tocando un bolero más rítmico, bailable, hay que mencionar las de René Cóspito, Víctor Líster, Héctor Lagna, y especialmente Don Américo y sus Caribes, del virtuoso violinista Américo Belloto, fundamental en la difusión del bolero en Argentina y en toda América del Sur.

Hoy, en una etapa de auge bolerístico, nuevas voces se dejan escuchar en la plasmación del canto enamorado. María Marta Serra Lima, Leonardo Fabio, Roberto Yanés y Alberto Cortés son de los más destacados, con mucha difusión internacional. Asimismo, desde la década del sesenta han elaborado piezas en ritmo de bolero creadores como Luis Aguilé; Leo Dan, que obtuvo éxito con *Cómo te extraño*, y Chico Navarro, autor de *Debut y despedida* y *Cuidado*.

EN BOLIVIA

La región boliviana, con sus fuertes raíces indias, es zona de predominio de formas folklóricas como el bailecito y el huaino. Las músicas afroamericanas o tropicales no han tenido allí mucha difusión; sin embargo, el bolero, reafirmando su carácter continental, ha sido conocido y gustado en las ciudades, difundido por la radio y mediante actuaciones de artistas visitantes, principalmente mexicanos.

Varios tríos surgieron en Bolivia bajo el influjo de Los Panchos a partir de los años cincuenta, entre ellos Los Peregrinos, en el que figuraba como cantante y guitarrista el joven Raúl Shaw Moreno.

Shaw Moreno nació en Oruro, en 1923, y desde la década del cuarenta se dedicó al cultivo de la canción romántica. Al llegar el trío Los Panchos a tierra boliviana, en 1951, ya había causado baja el puertorriqueño Hernando Avilés, y Gil y Navarro deciden incorporar a Shaw Moreno a la agrupación. A partir de entonces y por cerca de dos años el boliviano fue uno de los tres Panchos. Después permaneció en México, donde se presentó como solista. Compuso piezas que han grabado distintos intérpretes, entre ellas *Lágrimas de amor*, y la más difundida: *Cuándo tú me quieras*:

> Cuando tú me quieras,
> cuando te vea sonreír,
> vibrarán las campanas,
> y alegres mariposas
> lucirán sus colores
> en suave vaivén...

EN BRASIL

El bolero, en su aspecto cancionístico, comienza a sonar en el Brasil de los años cuarenta, principalmente en las voces y guitarras de trovadores populares. Más adelante, diversos *crooners* cariocas incorporan sus melodías, respaldados por arreglos orquestales al modo de las grandes bandas norteamericanas.

En las zonas del sur del enorme país, por una lógica influencia argentina, se hace un bolero sentimental, lento, pariente de milongas, tangos y boleros ríoplatenses. No puede descartarse el influjo de los fados portugueses y de la modinha colonial. Figura descollante en este acontecer es el legendario

Lupicinio Rodrigues, quien *violao* en mano entona boleros de belleza literaria y melódica insuperables, como el conocido *Venganza*.

En Sao Paulo surgen cantantes que hacen del género su centro de atención, y en Río de Janeiro y Bahía, al lado del samba-cançao se levantan románticos boleros, mientras más de un creador se inspira en su ritmo cadencioso.

Dos nombres capitales dentro del bolero brasileño son Aldemar Dutra y Milton Santos de Almeida, *Miltinho*, quienes cultivan el género con mucho éxito en el país y en otros centros latinoamericanos, desde principios de la década del cincuenta, y realizaron grabaciones discográficas que tuvieron aceptable difusión. Un autor que plasmó su inspiración en conocidos boleros es Heriberto Martins, quien comparte con Alfredo Gil la autoría de *Caminemos*.

Durante la década del sesenta distintos baladistas se acercan al modo bolerístico, y con otro acento melódico, armonías contemporáneas y arreglos novedosos, reviven el canto tropical. Tras su ropaje de balada-pop nos han regalado auténticos boleros Silva Lima y Maurilio Lopes *(¿Quién es?)*, Erasmo y Roberto Carlos *(Detalles, La distancia, Amada amante* y *Un gato en la oscuridad)*, y Nelson Nedd *(¿Quién eres tú?)*.

Más de un sambista, junto al ritmo carioca, ha perfilado los contornos de un bolero, con todas las de la ley. Y la bossa nova exhibe un parentesco con el bolero-feeling cubano en la poética del texto y en la impronta melódico-armónica —presente el jazz en el sustrato de ambos—, aparte de su vínculo rítmico con el bolero-mambo, ya que la clave de la bossa y la del son cubano tienen similar diseño, sólo alterado en el quinto golpe dentro del compás de dos por cuatro.

Destacados cantores del Brasil han grabado, en las décadas últimas, diversos boleros con instrumentaciones actuales, uniéndose así al camino exitoso del género romántico eterno. Composiciones antiguas y de hoy relucen en las voces de María Bethania, Simone, Elizet Cardoso, Denisse de Kalaff, Gilberto Gil...

EL BOLERO EN ESPAÑA

Como se ha dicho, el bolero es un personaje que realiza un viaje de ida y vuelta. La denominación genérica, y ciertos elementos formales, llegan a América Latina a principios del siglo XIX, procedentes de España, aquí se transforman, y, ya en pleno siglo XX, regresan a la península convertidos en un nuevo fenómeno artístico: el bolero latino.

Ante todo, debe definirse el carácter del bolero español. Precisa la *Enciclopedia Salvat de la música*: «Danza típica española, especialmente popularizada en Andalucía y que, como las boleras, se acompaña por lo general de una o varias guitarras. Parece ser una derivación de las seguidillas. Empezó a conocerse hacia 1870, popularizado por un tal Sebastián Lorenzo Cerezo, gran bailarín [...] el baile consta de tres partes iguales a coplas y en cada una se hacen ciertas mudanzas y una suspensión llamada bien parado, que es uno de los principales requisitos del baile y sirve para que descanse el ejecutante, mientras se repite el ritornello propio de este baile. El ritmo ternario de la música es marcado por las castañuelas sobre un dibujo repetido por grupos de tres compases que alternan con las coplas cantadas. El acompañamiento típico se compone de guitarras, castañuelas y tamboril.»

El bolero latinoamericano, nacido en Cuba sobre los años ochenta del pasado siglo, es un producto musical con fisonomía diferente, y con un desarrollo histórico propio. Aunque, desde luego, en sus raíces están presentes, como en otros géneros hispanoamericanos, factores de prosapia española. Y este bolero es el que, mediante otra vuelta de tuerca, sienta sus reales en la península a partir de la década del treinta, en el presente siglo.

Los primeros intérpretes del bolero cubano que viajan a España son Miguel Matamoros, Siro Rodríguez y Rafael Cueto —el inolvidable Trío Matamoros—, y dan a conocer en sus voces y guitarras el género, devolviendo al gusto hispánico maneras de lejano ancestro peninsular en el *melos*, en el sonido de la cuerda pulsada, en la armonización vocal y en el lirismo de los textos. El bolero-son, acuñado por los Matamoros, resuena en las ciudades de la antigua metrópolis.

En 1940 se encuentra ya establecido en España un destacado cantor cubano, Antonio Machín, que es la figura que impone definitivamente el bolero tropical en aquellos lares. Durante más de treinta años, Machín fue dueño del ámbito de la canción romántica. Aunque fallecido en 1977 en Madrid, aún mantiene su vigencia mediante grabaciones discográficas que forman parte del acervo cultural hispanoamericano.

Surge en la península, con su equivalente cubano que muestra variaciones, un tipo de bolero que se fusiona con la zambra gitana, el llamado bolero moruno, que produce piezas muy gustadas.

Una orquesta cubana que mucho influye en el origen estilístico del nuevo bolero español es la Lecuona Cuban Boys, que triunfa rotundamente en toda España desde los años treinta; más tarde su sucesora, la Havana Cuban Boys, bajo la dirección de Armando Oréfiche, planta su tienda en Madrid, y de todo ese influjo nacen, por una parte, muchos boleros compuestos por creadores peninsulares, y por otra, las orquestas que sirven de vehículo a esas obras, con vocalistas de indudable calibre.

Un compositor fundamental es Carmelo Larrea, autor de boleros clásicos como *Dos cruces*, *Camino verde* y *Puente de piedra*, que todavía se cantan. Otro notabilísimo es Manolo Palos, vocalista excelente, quien entrega joyas del tipo de *Te sigo esperando*. Y se une al grupo M. Monreal, creador de *Cariño verdad*. Los hermanos García Segura escriben piezas como *Envidia* y *Un compromiso*, y sobresale un músico que, aunque radicó en Argentina y México gran parte de su vida, era oriundo de la península: Luis Martínez Serrano, padre de buenos boleros, entre ellos *Si no estás conmigo* y *Pena de amor*.

Antes, en 1931, en New York, el músico catalán Enrique Madriguera compone el bolero *Adiós, linda morena*, que se convierte en el segundo producto bolerístico que obtiene resonancia internacional (el primero es *Aquellos ojos verdes*, de los cubanos Menéndez y Utrera). Madriguera hizo brillante carrera musical en Estados Unidos, y aportó a la música latina elementos del jazz.

A partir de la década del sesenta, nuevos creadores cultivan la línea bolerística, ahora insuflándole aspectos novedosos en contenido y forma, mediante un sonido diferente y cierto toque emparentado con la música pop. Entre ellos resaltan Augusto Algueró, Manuel Alejandro, Quiroga, Rafael Pérez Botija, José Luis Perales, Camilo Blanes y el cantautor catalán Joan Manuel Serrat.

Vocalistas notables ha visto desfilar la canción romántica española, muchos de ellos destacados en el ámbito internacional. Desde los años treinta lleva a cabo una carrera exitosa el tenor Luis Álvarez, quien actuó en Estados Unidos y en México interpretando un bolero de corte lírico, a veces respaldado por la orquesta del catalán Xavier Cugat. Lo mismo sucede con Gregorio Barrios, que inició su vida artística en España, pasó luego a Argentina y Brasil, e hizo giras por toda América. Fernando Torres, catalán también, es una de las voces capitales del bolero a partir de los años cuarenta. Radicado en Buenos Aires, ha efectuado grabaciones de boleros clásicos y ha cantado en ciudades de todo el mundo, acompañado por orquestas como Lecuona Cuban Boys, Víctor Líster y Don Américo y sus Caribes. En la década del cincuenta se destacaría Jorge Sepúlveda.

Las orquestas Casino de Sevilla, Los Churumbeles y Los Chavales de España, entre otras, hicieron un bolero de estilo y sonido muy español, y llenaron una página importante en España y en América durante la década del cincuenta, con cantantes como Manolo Palos, Pepe Lara, Luis Tamayo, Juan Legido y Raúl Roquet.

Hoy, voces nuevas continúan llevando el acento español al bolero; sobresalen Rocío Dúrcal, Julio Iglesias, Gloria Lasso, Moncho, Perales, Dyango, Camilo Sexto y Braulio, con arreglos y sonoridades actuales, muy logrados, que incorporan la electrónica al ritmo básico del género inmortal.

BIBLIOGRAFÍA

ACOSTA, LEONARDO. *Música y descolonizacion*. México, Presencia Latinoamericana, S. A., 1982.

ÁLVAREZ CORAL, JUAN. *Compositores mexicanos*. México, Editores Mexicanos Asociados, S. A., 1981.

BAQUEIRO, GERÓNIMO. *La canción popular de Yucatán*. México, Editorial Magisterio, 1970.

CARPENTIER, ALEJO. *La música en Cuba*. Cuba, Editorial Letras Cubanas, 1979.

COLLAZO, BOBBY. *La última noche que pasé contigo*. Puerto Rico, Editorial Cubanacán, 1987.

DÍAZ AYALA, CRISTÓBAL. *Música cubana del areyto a la Nueva Trova*. Puerto Rico, Editorial Cubanacán, 1981.

DUEÑAS, PABLO. *Historia documental del bolero mexicano*. México, Asociación Mexicana de Estudios Fonográficos, 1990.

GALÁN, NATALIO. *Cuba y sus sones*. España, Pre-Textos, 1983.

GARRIDO, JUAN S. *Historia de la música popular en México*. México, Editorial Extemporáneos, 1983.

LEÓN, ARGELIERS. *Del canto y el tiempo*. Cuba, Editorial Letras Cubanas, 1984.

LINARES, MARÍA TERESA. *La música y el pueblo*. Cuba, Editorial Pueblo y Educación, 1974.

MALAVET VEGA, PEDRO. *Del bolero a la nueva canción*. Puerto Rico, Editorial Cubanacán, 1988.

MORENO RIVAS, YOLANDA. *Historia ilustrada de la música popular mexicana*. México, 1979.

OROVIO, HELIO. *Diccionario de la música cubana*. Cuba, Editorial Letras Cubanas, 1981.

——————————.*300 boleros de oro*. México, Presencia Latinoamericana, S. A., 1991.

RESTREPO DUQUE, HERNÁN. *Lo que cuentan las canciones*. Colombia, Editorial Tercer Mundo, 1971.

RICO SALAZAR, JAIME. *Cien años de boleros*. Colombia, Centro de Estudios Musicales, 1988.

RUÍZ, ÁLVARO. *Personajes y episodios de la canción popular*. Colombia, Editorial Luz Negra, 1983.

CONVERSACIÓN EN TIEMPO DE BOLERO

Es innegable que el bolero nació en Santiago de Cuba... pero hay que decir que al principio le faltó refinamiento, pues las letras constituían expresiones muy rústicas, la guitarra por lo general se tocaba muy rasgueada. Pepe Sánchez fue el primero que refinó nuestro bolero y elevó la calidad de las letras.

Rosendo Ruiz Quevedo (compositor cubano)

El bolero constituye, sin duda alguna, la primera gran síntesis vocal de la música cubana que, al traspasar fronteras, registra permanencia universal. En el bolero tradicional es total la fusión de factores hispanos y afrocubanos, que aparecen por igual en la línea acompañante de la guitarra que en la melodía.

Vicente González-Rubiera (guitarrista y armonista cubano) y *Rosendo Ruiz Quevedo*.

Con la aparición de los sextetos y septetos se le incorporan al bolero distintas franjas rítmicas, por medio de la polirritmia, que, además de aumentarle los instrumentos de percusión, servían de base, junto con el *tempo* lento del son montuno, para sustentar cualquier línea melódico-rítmica que tuviera alguna semejanza con el bolero.

Radamés Giro (musicólogo y editor cubano)

Un detalle muy importante que nace con el bolero-son, en los años veinte, es la modalidad bailable del ritmo que sería vital en la popularidad que alcanzaría el bolero en las décadas siguientes.

Jaime Rico Salazar (musicólogo y editor colombiano)

Los textos de boleros se nutren del habla popular de la época, de la poesía de mayor difusión, las lecturas del autor, incluyendo la prensa, y lo que le llega a través de otros medios como la radio o el cine, del lenguaje y las formas de enamorar —o cortejar— en esa etapa y lugar.

Leonardo Acosta (musicólogo y escritor cubano)

De todos los aires musicales populares es el bolero el que ha tenido mayor presencia y vigencia en América Latina. Sus raíces están en Andalucía, con claras connotaciones árabes. Cuba le da un contexto afroantillano y con Agustín Lara se viste de smoking.

Nelson Pinedo (cantante colombiano)

El bolero-canción es el único tipo de música insular que admite, por tradición, la presencia de letras extranjeras o de poemas ajenos al clima local. El bolero-canción se apoderó de versos de Urbina, Nervo, Mata, sin la menor dificultad, cuando no se paseó en los jardines verlenianos de los pequeños imitadores de Darío.

Alejo Carpentier (escritor y musicólogo cubano)

El bolero-canción se transformó en bolero-baile, con sus elementos eróticos como el entrelazamiento sensual de los cuerpos en una coreografía lánguida y sentimental, que tenía mucho de voluptuosidad y seducción.

Freddy Russo (periodista colombiano)

El bolero republicano vino a llenar el vacío de la cadenciosa habanera, encontrando una beneplácita acogida entre los mexicanos, venezolanos, puertorriqueños, argentinos y chilenos.

Natalio Galán (compositor y musicólogo cubano)

En los años cuarenta se renovó el bolero, adoptando entonces, para elaborar la línea de canto, una concepción rítmica muy regular y constante, motivos que se movían en progresiones por grados o terceras, dentro de un ámbito reducido, lo que hacía que la melodía silábica facilitara el decir.

Argeliers León (compositor y musicólogo cubano)

Boleros mexicanos, puertorriqueños, no se diferenciaban —década del cuarenta— en nada de los compuestos por cubanos. Eran canciones con un ritmo lento, cantable, con sonoridades ajenas a nuestras maneras tradicionales de sonar, acordes disonantes, melodías cromáticas, cadencias que terminaban en la séptima, con nombres que denunciaban su cercana influencia: canción-blue, bolero-beguine, canción-slow.

María Teresa Linares (musicóloga cubana)

Las primeras canciones compuestas por los compositores mexicanos tomaron como base rítmica el «cinquillo» peculiar en las danzas cubanas que dieron origen al danzón. La canción-bolero compuesta en México comparte en sus primeras etapas esta rítmica antillana.

Mario Kuri-Aldana (compositor y musicólogo mexicano)

...empezaron a ser acogidos en Yucatán el bolero cubano y el bambuco colombiano. El bolero, como una transformación más rápida y viva de las antiguas danzas lentas, se adaptaba a las necesidades expresivas de los compositores.

Yolanda Moreno Rivas (musicóloga mexicana)

El bolero está aquí, con nosotros, y forma parte de nuestra vida cotidiana, sea cual sea el estilo en que se interprete, con marimbas, guitarras, piano y hasta con una sinfónica.

Raúl de la Rosa (investigador mexicano)

El bolero ha cambiado en cuanto a su cadencia y estructura interpretativa a través de los años. El bolero cubano, nacido a fines del siglo pasado, es distinto al bolero mexicano de los años treinta; este, a su vez, al de los cuarenta y cincuenta hasta llegar al momento actual y encontrarnos con un bolero «jazzeado» que cambia de formas y hasta de nombre (se le llama a veces «balada») y sigue siendo bolero.

Pablo Dueñas (musicólogo mexicano)

El bolero fue motivo de infinidad de temas que alcanzaron en el cine mexicano una difusión mayúscula, que entonces estaba reforzada por la radio... El bolero, manifestación popular urbana, dio al cine nacional uno de sus elementos de identidad.

Isabel Grácida Juárez (periodista mexicana)

Cualquiera que es romántico tiene un fino sentido de lo cursi y no desecharlo es una posición de inteligencia. A las mujeres les gusta que así sea. Vibro con lo que es tenso y si mi emoción no la puedo traducir más que en el barroco lenguaje de lo cursi, de ello no me avergüenzo. Amén.

Agustín Lara (compositor mexicano)

El bolero interpreta lo que sentimos hombres y mujeres por igual, puestos en situación de amar... cualquiera de los dos puede decirle al otro: «Tú eres mi destino...»

Jorge Enrique Adoum (narrador y ensayista ecuatoriano)

El bolero es etéreo, no tiene sexo, no tiene forma, es como los ángeles. Sus letras son increíbles. ¡Un buen bolero!

Alfredo Bryce Echenique (escritor peruano)

El bolero viaja de voz en voz, de guitarra en guitarra y se adapta y se adopta en tierras ajenas, se identifica con los pueblos cantores, evoluciona, se desarrolla... simultáneamente lo encontramos en México, en Panamá, en Colombia y como mancha de tinta incontenible se extiende por toda América Latina.

Margo Su (escritora mexicana)

Los argentinos escribimos boleros en el estilo de los mexicanos, de los cubanos... y nos volcamos al género los que tenemos alma e inspiración romántica... Algunos de los boleros argentinos tienen algo de tango.

Mario Clavell (compositor e intérprete argentino)

A raíz de esa ráfaga bolerística que hubo en la década del treinta al cuarenta se difundió mucho el género en Argentina y surgieron por consiguiente compositores argentinos de bolero... pero de alguna manera el bolero es una cosa foránea... En cambio de Chile para arriba se hace con el bolero:

de Chile para arriba el bolero es la música *master*, pueden entrar otros ritmos pero el bolero es el bolero.

Leo Marini (bolerista argentino)

En el bolero están registradas, a lo largo de sus voluminosos despliegues discursivos, todas las instancias vividas o vivibles, imaginadas o imaginables por el enamorado hispanoamericano en su itinerario amoroso.

Rafael Castillo Zapata (investigador y ensayista colombiano)

El bolero siguió su camino para encontrarse con el perfecto cofre que le daría cobijo por siempre jamás; la rocola, suerte de cajita mágica que funciona con monedas y que acompaña a ricos y pobres, negros y blancos, cuando una noche de despecho obliga a unas cuantas copas en la penumbra de la barra de un bar.

Soledad Araya (periodista mexicana)

Amor romántico es el mensaje del bolero, que transforma al tú y al yo en héroes y heroínas, aunque sólo sea fugazmente. En lo imaginario social nos convertimos en la dama y el señor, la princesa y el príncipe, en un juego recíproco de identidades e identificaciones.

Iris M. Zabala (escritora puertorriqueña)

Un bolero puede hacer que los enamorados se quieran más, y a mí eso me basta para querer hacer un bolero... Yo estuve tratando, con Manzanero, de hacer un bolero, por lo menos durante un año, y es lo más difícil que hay. Poder sintetizar en las cinco o seis líneas de un bolero todo lo que un bolero encierra es una verdadera proeza literaria.

Gabriel García Márquez (escritor colombiano)

El bolero con los años ha dejado de ser esa especie de música descalificada en que se le tuvo en alguna época... para llegar a representar, con justo merecimiento, una importante manifestación de la cultura de nuestros pueblos.

José F. García Marcano (investigador venezolano)

El bolero es culpable de miles de violaciones y raptos, y de millones de matrimonios, flirts, adulterios, uniones, desuniones, a lo largo y ancho de América, norte y sur, dondequiera que haya latinos, que surgieron oyendo, y sobre todo bailando muy apretaditos, sabrosos boleros.

Cristóbal Díaz Ayala (musicólogo cubano)

El bolero es la glorificación, la exaltación hasta el delirio del sentimiento amoroso... De allí esa suerte de universalidad ajena por lo regular a otras formas de nuestra música popular.

Orlando Mora (investigador y escritor colombiano)

El bolero... es un reto, y por eso aunque acepte homenajes termina por escaparse de ellos, para meterse en los sabrosos predios de una confrontación. Y esta abarca desde su vigencia, su nacionalidad y su noviazgo con los jóvenes hasta su complicidad con la poesía latinoamericana.

Lil Rodríguez (investigadora y promotora cultural venezolana)

Yo defenderé siempre el bolero, pues este es un género inmortal debido a su construcción poética y musical. Frente al bolero, otro tipo de canto, como ese bodrio que han llamado «salsa sensual», se presenta como dibujado desde las modas pasajeras.

Daniel Santos (cantante puertorriqueño)

En los años sesenta, el bolero estaba enfrentado al enemigo más fuerte de toda su existencia, la balada, y de no ser por Javier Solís, Felipe Pirela y Roberto Ledesma, los amantes del bolero se hubieran quedado sin representación.

Álvaro Ruiz (investigador colombiano)

El bolero es inmortal, lleva cien años y aunque escritores cultos no se ocuparon de él, ha logrado sobrevivir... Ha habido una mezcla entre el bolero y la balada y otras cosas pero finalmente tienen que recurrir siempre al bolero.

René Cabel (cantante cubano)

Volverá a reinar un bolero renovado y habrá tema de conversación suficiente para los borrachos iluminados. Y la cultura del Caribe habrá dado un nuevo paso...

Adolfo González (profesor y sociólogo colombiano)

Creo que no se puede hablar de nostalgia del bolero. Es un error. El bolero ya es un clásico de la música y la pasión... La gente que vivió el bolero en su juventud siempre lo ha llevado consigo; a los jóvenes, que no tienen nostalgia de otras épocas, simplemente les gustan los boleros, los viven ahora.

Lucho Gatica (cantante chileno)

En este momento canciones y boleros de otro tiempo suenan maravillosamente bien a base de sintetizadores y de puros elementos electrónicos.

Armando Manzanero (compositor e intérprete mexicano)

Creo que hay una reserva de sensibilidad potencial y de capacidad en la juventud para apreciar la canción, el bolero, en el último punto de desarrollo a que ha llegado.

César Portillo de la Luz (compositor e intérprete cubano)

Mis primeros números son de filin, como por ejemplo *Tú, mi desengaño*. Yo estaba influido por varios autores, entre otros José Antonio Méndez. Creo que hasta en la interpretación me parezco un poco a él, algunas veces.

Pablo Milanés (compositor e intérprete cubano)

Me siento hijo de José Antonio Méndez, César Portillo, Frank Domínguez, Candito Ruiz, Marta Valdés, y de toda la trova filinesca. Además, no hay mejores canciones para enamorar que esas.

Silvio Rodríguez (compositor e intérprete cubano).

RECUERDOS DEL ALMA

RETORNA

Sindo Garay
(Cuba)

Retorna, vida mía, que te espero
con una irresistible sed de amor,
vuelve pronto a calmarme que me muero
si presto no mitigas mi dolor.

A conmover tu corazón no alcanzo.
¿Cómo puedo vivir lejos de ti?
Tan solo me sostiene la esperanza,
porque ella vive eternamente en mí.

DOBLE INCONSCIENCIA

Manuel Corona
(Cuba)

Cuán falso fue tu amor, me has engañado;
el sentimiento aquel era fingido;

sólo siento, mujer, haber creído
que eras tú el ángel que yo había soñado.
Cómo siento el haberte prodigado
mi amante corazón, triste y herido,
lo has traicionado tú y hasta has vendido
por vil metal tu corazón ajado.

¿Conque te vendes, eh?, noticia grata;
no creas que te odio y te desprecio,
y aunque tengo poco oro y poca plata,
y en materia de compras soy un necio,
espero que te pongas más barata:
sé que algún día bajarás de precio.

LÁGRIMAS NEGRAS

Miguel Matamoros
(Cuba)

Aunque tú me has dejado en el abandono,
aunque tú has muerto todas mis ilusiones,
en vez de maldecirte con justo encono,
en mis sueños te colmo,
en mis sueños te colmo de bendiciones.
Sufro la inmensa pena de tu extravío,
siento el dolor profundo de tu partida,
y lloro sin que tú sepas que el llanto mío
tiene lágrimas negras,
tiene lágrimas negras como mi vida.

Tú me quieres dejar,
yo no quiero sufrir,
contigo me voy, mi santa,
aunque me cueste morir.

COMO ARRULLO DE PALMAS

Ernesto Lecuona
(Cuba)

Como el arrullo de palmas
en la llanura,
como el trinar del sinsonte
en la espesura,
como del río apacible
el lírico rumor,
como el azul de mi cielo,
así es mi amor.

Eres tú la mujer
que reina en mi corazón,
dulce bien que soñó
mi apasionada ilusión;
eres tú, flor carnal
de mi jardín ideal,
trigueña y hermosa
cual musa gentil
de cálida tierra tropical.

Tu mirar soñador
es dulce y triste, mi bien;
es tu andar tentador
un armonioso vaivén,
y tu piel, dorada al sol,
es tersa y sutil,
mujer de amor sensual,
mi pasión es rumor de un palmar.

AQUELLOS OJOS VERDES

Música: Nilo Menéndez
Letra: Adolfo Utrera
(Cuba)

Fueron tus ojos los que me dieron
el tema dulce de mi canción,
tus ojos verdes, claros, serenos,
ojos que han sido mi inspiración.

Aquellos ojos verdes
de mirada serena,
dejaron en mi alma
eterna sed de amar,
de anhelos y caricias,
de besos y ternuras,
de todas las dulzuras
que sabían brindar.

Aquellos ojos verdes,
serenos como un lago,
en cuyas quietas aguas
un día me miré,
no saben las tristezas
que a mi alma dejaron
aquellos ojos verdes
que ya nunca besaré.

NOSOTROS

Pedro Junco
(Cuba)

Atiéndeme...,
quiero decirte algo
que quizás no esperes,
doloroso tal vez.
Escúchame...,
que aunque me duela el alma,
yo necesito hablarte,
y así lo haré.

Nosotros,
que fuimos tan sinceros,
que desde que nos vimos
amándonos estamos.
Nosotros,
que del amor hicimos
un sol maravilloso,
romance tan divino.
Nosotros,
que nos queremos tanto,
debemos separarnos,
no me preguntes más.
No es falta de cariño,
te quiero con el alma,
te juro que te adoro
y en nombre de este amor
y por tu bien, te digo adiós.

TODA UNA VIDA

Osvaldo Farrés
(Cuba)

Toda una vida me estaría contigo,
no me importa en qué forma,
ni cómo ni dónde, pero junto a ti.
Toda una vida te estaría mimando,
te estaría cuidando
como cuido mi vida que la vivo por ti.

No me cansaría de decirte siempre,
pero siempre, siempre...,
que eres en mi vida
ansiedad, angustia, desesperación.

Toda una vida me estaría contigo,
no me importa en qué forma,
ni cómo ni dónde, pero junto a ti.

NO TE IMPORTE SABER

René Touzet
(Cuba)

No comprendo, me dices,
cómo es que siento
este amor tan vehemente
sólo por ti.
No concibes que pueda quererte
con todas las ansias de un alma,
porque tengo un pasado.

No es que quiera decir
que tú has sido
el único amor para mí,
ni que el beso que aún siento ardiente
ha sido el primero.
Sólo sé que en la vida es preciso
saber esperar y callar
para al cabo alcanzar
lo que tanto anheló el corazón.

No te importe saber que mi boca
besara otra boca otra vez,
pues no hay huellas ni existen recuerdos
que no borres tú.
Tu cariño me ha traído un algo,
un no sé qué...
que no deja que mis ojos miren
más que hacia ti.

NO VALE LA PENA

Orlando de la Rosa
(Cuba)

No vale la pena sufrir en la vida
si todo se acaba, si todo se va,
tantos sufrimientos, tantas decepciones,
no vale la pena tanto padecer.

Después de tantas ilusiones
que forjé en mis noches,
después que toda mi esperanza
la cifré en tu amor,
te fuiste como aquellas horas
tranquilas y claras

que fueron únicos testigos
de nuestro querer.
Perdida se quedó mi vida
cuando te alejaste,
no supe si llorar de angustia
o tratar de olvidarte.
Al fin la vida me enseñó
que todo es duda y falsedad,
por eso no vale la pena
sufrir por amor.

INOLVIDABLE

Julio Gutiérrez
(Cuba)

En la vida hay amores que nunca
pueden olvidarse,
imborrables momentos que siempre
guarda el corazón,
porque aquello que un día nos hizo
temblar de alegría
es mentira que hoy pueda olvidarse
con un nuevo amor.

He besado otras bocas buscando
nuevas ansiedades,
y otros brazos extraños me estrechan
llenos de emoción,
pero sólo consiguen hacerme
recordar los tuyos,
que inolvidablemente vivirán en mí.

DOS GARDENIAS

Isolina Carrillo
(Cuba)

Dos gardenias para ti,
con ellas quiero decir:
te quiero, te adoro, mi vida.
Ponles toda tu atención,
que serán tu corazón y el mío.
Dos gardenias para ti,
que tendrán todo el calor de un beso,
de esos besos que te di
y que jamás encontrarás
en el calor de otro querer.

A tu lado vivirán y te hablarán
como cuando estás conmigo,
y hasta creerás que te dirán «te quiero».
Pero si un atardecer
las gardenias de mi amor se mueren
es porque han adivinado
que tu amor me ha traicionado
porque existe otro querer.

NO PUEDO SER FELIZ

Adolfo Guzmán
(Cuba)

No puedo ser feliz,
no te puedo olvidar,
siento que te perdí
y eso me hace pensar

que he renunciado a ti,
ardiente de pasión,
no se puede tener
conciencia y corazón.

Hoy que ya nos separan
la ley y la razón,
si las almas hablaran,
en su conversación
las nuestras se dirían
cosas de enamorados.
No puedo ser feliz,
no te puedo olvidar.

LA VIDA ES UN SUEÑO

Arsenio Rodríguez
(Cuba)

Después que uno vive
veinte desengaños,
qué importa uno más;
después que conozcas
la acción de la vida
no debes llorar.
Hay que darse cuenta
que todo es mentira,
que nada es verdad.
Hay que vivir el momento feliz,
hay que gozar lo que puedas gozar,
porque sacando la cuenta en total,
la vida es un sueño
y todo se va.
La realidad es nacer y morir,
por qué llenarnos de tanta ansiedad,

todo no es más que un eterno sufrir,
el mundo está hecho sin felicidad.

PLAZOS TRAICIONEROS

Luis Marquetti
(Cuba)

Cada vez que te digo lo que siento,
tú siempre me respondes de este modo:
deja ver, deja ver
si mañana puede ser lo que tú quieres.
Pero así van pasando las semanas,
pasando sin lograr lo que yo quiero,
yo no sé para qué,
para qué son esos plazos traicioneros.

Traicioneros porque me condenan
y me llenan de desesperación,
yo no sé si me dices que mañana
porque otro me robó tu corazón.

Cada vez que te digo lo que siento,
no sabes cómo yo me desespero,
si tu dios, es mi dios,
para qué son esos plazos traicioneros.

COSAS DEL ALMA

Pepé Delgado
(Cuba)

Sobre todas las cosas del mundo
no hay nada primero que tú,
y aunque a ti te parezca mentira
las cosas del alma despiertan dormidas.
Cada instante que paso a tu lado
se impregna mi vida de ti,
y a pesar de esas cosas tan grandes
tú sigues dudando de mí.

Qué culpa tengo yo de haber vivido así,
inerte la expresión en mí,
dios sólo sabe que en mi sentimiento
hay cosas del alma de mí para ti.
Sobre todas las cosas del mundo
no hay nada primero que tú,
y a pesar de esas cosas tan grandes
tú sigues dudando de mí.

CONTIGO EN LA DISTANCIA

César Portillo de la Luz
(Cuba)

No existe un momento del día
en que pueda apartarte de mí,
el mundo parece distinto
cuando no estás junto a mí.

No hay bella melodía
en que no surjas tú,
ni yo quiero escucharla
si no la escuchas tú.
Es que te has convertido
en parte de mi alma,
ya nada me conforma
si no estás tú también.
Más allá de tus labios,
del sol y las estrellas,
contigo en la distancia,
amada mía, estoy.

LA GLORIA ERES TÚ

José Antonio Méndez
(Cuba)

Eres, mi bien, lo que me tiene extasiado,
por qué negar que estoy de ti enamorado,
de tu dulce alma, que es toda sentimiento.
De esos ojazos negros de un raro fulgor,
que me dominan, me incitan al amor,
eres un encanto, eres mi ilusión.

Dios dice que la gloria está en el cielo,
que es de los mortales el consuelo al morir.
Desmiento a dios, porque al tenerte yo en vida
no necesito ir al cielo tisú,
si, alma mía, la gloria eres tú.

TÚ ME ACOSTUMBRASTE

Frank Domínguez
(Cuba)

Tú me acostumbraste
a todas esas cosas
y tú me enseñaste
que son maravillosas.
Sutil llegaste a mí, como la tentación,
llenando de inquietud mi corazón.

Yo no concebía
cómo se quería
en tu mundo raro
y por ti aprendí.
Por eso me pregunto, al ver que me olvidaste,
por qué no me enseñaste
cómo se vive sin ti.

EN LA IMAGINACIÓN

Marta Valdés
(Cuba)

Hoy estoy pensando que tal vez existas,
está de fiesta la imaginación,
desesperada sensación de ti.
Quién serás, que así me invitas a amar,
quién serás, que me has podido dejar
en mi locura, mientras se me escapa
tu posible visión,
y sospecho que tú, que tú eres nadie,
está de fiesta la imaginación.

SILENCIO

Rafael Hernández
(Puerto Rico)

Duermen en mi jardín
las blancas azucenas,
los nardos y las rosas,
mi alma, muy triste y pesarosa,
a las flores quiere ocultar
su amargo dolor.

Yo no quiero que las flores sepan
los tormentos que me da la vida,
si supieran lo que estoy sufriendo,
por mis penas morirían también.
Silencio, que están durmiendo
los nardos y las azucenas,
no quiero que sepan mis penas
porque si me ven llorando morirán.

OBSESIÓN

Pedro Flores
(Puerto Rico)

Por alto que esté el cielo en el mundo,
por hondo que sea el mar profundo,
no habrá una barrera en el mundo
que este amor profundo no rompa por ti.
Amor es el pan de la vida,
amor es la copa divina,
amor es un algo sin nombre
que obsesiona al hombre por una mujer.

Yo estoy obsesionado contigo
y el mundo es testigo de mi frenesí,
por más que se oponga el destino

serás para mí, para mí.
Por alto que esté el cielo en el mundo,
por hondo que sea el mar profundo,
no habrá una barrera en el mundo
que este amor profundo no rompa por ti.

MADRIGAL

Felipe Goyco
(Puerto Rico)

Estando contigo me olvido
de todo y de mí,
parece que todo lo tengo
teniéndote a ti,
y no siento este mal que me agobia
y que llevo conmigo
arruinando esta vida que tengo
y no puedo vivir.
Eres luz que ilumina las noches
en mi largo camino,
y es por eso que frente al destino
no quiero vivir.

Una rosa en tu pelo parece
una estrella en el cielo,
y en el viento parece un acento
tu voz musical,
y parece un destello de luz
la medalla en tu cuello,
al menor movimiento
de tu cuerpo al andar.
Yo a tu lado no siento las horas
que van con el tiempo,
ni me acuerdo que llevo en mi pecho
una herida mortal:
yo contigo no siento el sonar
de la lluvia y el viento
porque llevo tu amor en mi pecho
como un madrigal.

EN MI VIEJO SAN JUAN

Noel Estrada
(Puerto Rico)

En mi viejo San Juan cuántos sueños forjé
en mis años de infancia,
mi primera ilusión y mis cuitas de amor
son recuerdos del alma.
Una tarde partí hacia extraña nación
pues lo quiso el destino
pero mi corazón se quedó frente al mar
en mi viejo San Juan.

Adiós, adiós, adiós, Borinquen querida;
adiós, adiós, adiós, mi diosa del mar,
mi reina del palmar.
Me voy pero un día volveré
a buscar mi querer, a soñar otra vez
en mi viejo San Juan.

Pero el tiempo pasó y el destino burló
mi terrible nostalgia,
y no pude volver al San Juan que yo amé,
pedacito de patria.
Mi cabello blanqueó y mi vida se va,
ya la muerte me llama,
y no quiero morir alejado de ti,
Puerto Rico del alma.

POQUITA FE

Bobby Capó
(Puerto Rico)

Yo sé que siempre dudas de mi amor
y no te culpo,
y sé que no has logrado hacer de mi querer
lo que tu amor soñó.
Yo sé que fue muy grande la ilusión
que en mí forjaste
para luego encontrar desconfianza y frialdad
en mi querer.
Comprende que mi amor burlado fue
ya tantas veces,
que se ha quedado al fin mi pobre corazón
con tan poquita fe.

Tú tienes que ayudarme a conseguir
la fe que con engaños yo perdí,
me tienes que ayudar de nuevo a amar
y a perdonar.

VUELVE

Benito de Jesús
(Puerto Rico)

Vuelve, y verás con qué dulzura
y con la inmensa ternura
que yo te sabré adorar.
Vuelve, a besarme con locura,
a quitarme esta amargura
que me hace tanto mal.

Vuelve, y tú pones condición,
que yo pongo el corazón
para seguirte amando.
Vuelve, y olvida este rencor,
matemos el dolor
que nos está matando.

Si vuelves habrá nuevas emociones
para nuestros corazones
que han sufrido nuestro error,
alegres estarán los ruiseñores,
los eternos trovadores
entonando una canción.
Vuelve, y olvida este rencor,
matemos el dolor
que nos está matando.

CATACLISMO

Esteban Taronjí
(Puerto Rico)

Qué pasará si tú me dejas,
qué pasará si tú me olvidas,
le he preguntado a las estrellas,
a la luna y al mismo sol.
Qué pasará si andando el tiempo
de mí te cansas y te alejas,
le he preguntado a la distancia
a ver si el eco llega hasta dios.

Desesperado presintiendo tu partida
me imagino que te has ido
para ver la reacción
que sufriremos cuando estemos separados

y tú pienses en mis besos
y yo añore tu calor.
Fue la visión de este delirio
todo un desastre de locura,
como si el mundo se estrellara,
un cataclismo para los dos.

ESPÉRAME EN EL CIELO

Paquito López Vidal
(Puerto Rico)

Espérame en el cielo, corazón,
si es que te vas primero,
espérame que pronto yo me iré
allí donde tú estés.
Espérame en el cielo, corazón,
si es que te vas primero,
espérame que pronto yo me iré
para empezar de nuevo.

Nuestro amor es tan grande y tan grande
que nunca termina,
y esta vida es tan corta y no basta
para nuestro idilio.
Por eso yo te pido una vez más
me esperes en el cielo,
que allí entre nubes de algodón
haremos nuestro nido.

AUNQUE ME CUESTE LA VIDA

Luis Kalaff
(República Dominicana)

Aunque me cueste la vida
sigo buscando tu amor,
te sigo amando, voy preguntando
dónde poderte encontrar.
Aunque vayas donde vayas,
al fin del mundo me iré
para entregarte mi cariñito
porque nací para ti.

Es mi amor tan sincero, mi vida,
ya tú ves la promesa que te hago,
qué me importa morir,
qué me importa sufrir,
si algún día me dices que sí.
Aunque me cueste la vida
sigo buscando tu amor,
te sigo amando, voy preguntando
dónde poderte encontrar.

Y...

Mario de Jesús
(República Dominicana)

Y qué hiciste del amor que me juraste,
y qué has hecho de los besos que te di,
y qué excusa puedes darme si faltaste
y mataste la esperanza que hubo en mí.
Y qué ingrato es el destino que me hiere,

y qué absurda es la razón de mi pasión,
y qué necio es este amor que no se muere
y prefiere perdonarte tu traición.

Y pensar que en mi vida fuiste flama
y el caudal de mi gloria fuiste tú.
Y llegué a quererte con el alma
y hoy me mata de tristeza tu actitud.
Y a qué debo, dime entonces, tu abandono,
y en qué ruta tu promesa se perdió,
y si dices la verdad yo te perdono
y te llevo en mi recuerdo junto a dios.

NUNCA

Música: Guty Cárdenas
Letra: R. López Méndez
(México)

Yo sé que nunca besaré tu boca,
tu boca de púrpura encendida,
yo sé que nunca llegaré a la loca
y apasionada fuente de tu vida.

Yo sé que inútilmente te venero,
que inútilmente el corazón te evoca,
pero a pesar de todo yo te quiero,
pero a pesar de todo yo te adoro,
aunque nunca besar pueda tu boca,
aunque nunca besar pueda tu boca.

MUJER

Agustín Lara
(México)

Mujer, mujer divina,
tienes el veneno que fascina
en tu mirar;
mujer alabastrina,
eres vibración de sonatina
pasional.
Tienes el perfume de un naranjo en flor,
el altivo porte de una majestad;
sabes de los filtros que hay en el amor,
tienes el hechizo de la liviandad,
la divina magia de un atardecer
y la maravilla de la inspiración.
Tienes en el ritmo de tu ser
todo el palpitar de una canción,
eres la razón de mi existir, mujer.

VOLVERÉ

María Grever
(México)

Volveré, como vuelven
esas inquietas olas,
coronadas de espuma
tus playas a bañar.
Volveré, como vuelven
las blancas mariposas
al cáliz de las rosas
su néctar a libar.

Volveré por la noche,
cuando ya estés dormida,
acallando un suspiro
tus labios a besar.
Y para que no sepas
que estuve allí contigo,
como una inquieta ola
me perderé en el mar.

VEREDA TROPICAL

Gonzalo Curiel
(México)

Voy por la vereda tropical,
la noche plena de quietud,
con su perfume de humedad.
En la brisa que viene del mar
se oye el rumor de una canción,
canción de amor y de piedad.
Con ella fui
noche tras noche hasta el mar,
para besar
su boca fresca de amor.
Y me juró quererme más y más,
y no olvidar jamás
aquellas noches junto al mar.

Hoy solo me queda recordar,
mis ojos mueren de llorar
y el alma muere de esperar.
¿Por qué se fue?
Tú la dejaste ir,
vereda tropical.
Hazla volver a mí,

quiero besar su boca
otra vez junto al mar.

MIÉNTEME

Armando Domínguez
(México)

Voy viviendo ya de tus mentiras,
sé que tu cariño no es sincero,
sé que mientes al besar
y mientes al decir «te quiero»;
me conformo porque sé
que pago mi maldad de ayer.

Siempre fui llevado por la mala
y es por eso que te quiero tanto,
mas si das a mi vivir
la dicha de un amor fingido,
miénteme una eternidad,
que me hace tu maldad feliz.

¿Y qué más da?
La vida es una mentira.
Miénteme más,
que me hace tu maldad feliz.

DESESPERADAMENTE

Gabriel Ruiz
(México)

Ven, mi corazón te llama,
ay, desesperadamente;
ven, mi vida te reclama,
ven, que necesito verte.
Sé que volverás mañana
con la cruz de tu dolor, ay,
mira qué forma de quererte,
ven, que necesito verte.

QUE TE VAYA BIEN

Federico Baena
(México)

No me importa que quieras a otro
y a mí me desprecies,
no me importa que solo me dejes
llorando tu amor;
eres libre de amar en la vida,
y yo no te culpo
si tu alma no supo querer
como te quise yo.

Sé muy bien que es en vano pedirte
que vuelvas conmigo,
porque sé que tú siempre has mentido
jurándome amor,
y yo en cambio no quiero estorbarte
ni dañar tu vida,

soy sincero y sabré perdonarte
sin guardar rencor.

No creas que siento despecho
al ver que te alejas,
si me dejas por un nuevo amor
te dejo también,
que al fin con el tiempo el olvido
curará mis penas,
sigue feliz tu camino
y que te vaya bien.

CENIZAS

Wello Rivas
(México)

Después de tanto soportar la pena
de sentir tu olvido,
después que todo te lo dio mi pobre
corazón herido,
has vuelto a verme para que yo sepa
de tu desventura,
por la amargura de un amor igual
al que me diste tú.

Ya no podré ni perdonar ni darte
lo que tú me diste,
has de saber que en un cariño muerto
no existe el rencor.
Y si pretendes remover las ruinas
que tú misma hiciste,
solo cenizas hallarás de todo
lo que fue mi amor.

VERDAD AMARGA

Consuelo Velázquez
(México)

Yo tengo que decirte la verdad
aunque me parta el alma,
no quiero que después me juzgues mal
por pretender callarla.
Yo sé que es imposible nuestro amor
porque el destino manda
y tú sabrás un día perdonar
esta verdad amarga.

Te juro por los dos
que me cuesta la vida,
que sangrará la herida
por una eternidad.
Tal vez mañana sepas comprender
que siempre fui sincero,
tal vez por alguien llegues a saber
que todavía te quiero.

VIAJERA

Música: Luis Arcaraz
Letra: Mario Molina Montes
(México)

Viajera que vas por cielo y por mar
dejando en los corazones
latir de pasión, vibrar de canción
y luego mil decepciones.

A mí me tocó quererte también,
besarte y después perderte,
dios quiera que al fin te canses de andar
y entonces quieras quedarte.

No sé qué será sin verte,
no sé qué vendrá después,
no sé si podré olvidarte,
no sé si me moriré.
Mi luna y mi sol irán tras de ti
unidos con mis canciones,
diciéndote ven, regresa otra vez,
no rompas más corazones.

MUCHO CORAZÓN

Enma Elena Valdelamar
(México)

Di si encontraste
en mi pasado
una razón para olvidarme
o para quererme.
Pides cariño,
pides olvido, si te conviene,
no llames corazón
lo que tú tienes.
De mi pasado preguntas todo,
que cómo fue;
si antes de amar
debe tenerse fe.

Dar por un querer
la vida misma sin morir.
eso es cariño,

no lo que hay en ti.
Yo para querer
no necesito una razón,
me sobra mucho,
pero mucho corazón.

SIN UN AMOR

Música: Alfredo Gil
Letra: Chucho Navarro
(México)

Sin un amor
la vida no se llama vida;
sin un amor
le falta fuerza al corazón;
sin un amor
el alma muere derrotada,
desesperada en el dolor,
sacrificada sin razón;
sin un amor no hay salvación.

No me dejes de querer, te pido,
no te vayas a ganar mi olvido.
Sin un amor
el alma muere derrotada,
desesperada en el dolor,
sacrificada sin razón;
sin un amor no hay salvación.

SABOR A MÍ

Álvaro Carrillo
(México)

Tanto tiempo disfrutamos de este amor,
nuestras almas se acercaron tanto así,
que yo guardo tu sabor
pero tú llevas también sabor a mí.
Si negaras mi presencia en tu vivir,
bastaría con abrazarte y conversar,
tanta vida yo te di
que por fuerza tienes ya sabor a mí.

No pretendo ser tu dueño,
no soy nada, yo no tengo vanidad,
de mi vida doy lo bueno,
soy tan pobre qué otra cosa puedo dar.
Pasarán más de mil años, muchos más,
yo no sé si tenga amor la eternidad,
pero allá tal como aquí
en la boca llevarás sabor a mí.

LA BARCA

Roberto Cantoral
(México)

Dicen que la distancia es el olvido
pero yo no concibo esa razón
porque yo seguiré siendo el cautivo
de los caprichos de tu corazón.
Supiste esclarecer mis pensamientos,
me diste la verdad que yo soñé,

ahuyentaste de mí los sufrimientos
en la primera noche que te amé.

Hoy mi playa se viste de amargura
porque tu barca tiene que partir
a cruzar otros mares de locura,
cuida que no naufrague tu vivir.
Cuando la luz del sol se esté apagando
y te sientas cansada de vagar,
piensa que yo por ti estaré esperando
hasta que tú decidas regresar.

NO ME PLATIQUES

Vicente Garrido
(México)

No me platiques más
lo que debió pasar
antes de conocernos,
sé que has tenido horas felices
aún sin estar conmigo.
No quiero yo saber
qué pudo suceder
en todos esos años
que tú has vivido con otras gentes,
lejos de mi cariño.

Te quiero tanto que me encelo
hasta de lo que pudo ser
y me figuro que por eso
es que yo vivo tan intranquilo.
No me platiques más,
déjame imaginar
que no existe el pasado

y que nacimos
el mismo instante
en que nos conocimos.

CONTIGO APRENDÍ

Armando Manzanero
(México)

Contigo aprendí
que existen nuevas y mejores emociones,
contigo aprendí
a conocer un mundo nuevo de ilusiones.
Aprendí
que la semana tiene más de siete días,
a hacer mayores mis mejores alegrías,
a ser dichoso yo contigo lo aprendí.

Contigo aprendí
a ver la luz del otro lado de la luna,
contigo aprendí
que tu presencia no la cambio por ninguna.
Aprendí
que puede un beso ser más dulce y más profundo,
que puedo irme mañana mismo de este mundo,
las cosas bellas yo contigo las viví.
Y contigo aprendí
que yo nací el día que te conocí.

PENSANDO EN TI

Alfonso Torres
(Guatemala)

Pensé que este nuevo cariño
podría de mi mente alejarte,
calmando mi dolor,
pero estas caricias extrañas
me matan,
no son tus besos,
no son tus labios.

Me estrechan dos brazos ajenos
y cierro los ojos pensando en ti,
no más en ti.
y siento tu alma muy junto a la mía,
vivo pensando en ti,
en ti.

SINCERIDAD

Gastón Pérez
(Nicaragua)

Ven a mi vida con amor,
que no pienso nunca en nadie
más que en ti.
Ven, te lo ruego, por favor,
te adoraré.
Cómo me falta tu querer
si un instante separado
estoy de ti;
ven, te lo ruego, por favor,
que esperándote estoy.

Solo una vez
platicamos tú y yo,
y enamorados quedamos;
nunca creímos amarnos al fin
con tanta sinceridad.
No tardes mucho, por favor,
que la vida es de minutos nada más
y la esperanza de los dos
es la sinceridad.

SOÑAR

Arturo Hassan
(Panamá)

Soñar que te tengo en mis brazos,
que te doy mis caricias
con todas las fuerzas
de mi corazón.
Soñar que me queman tus besos,
esos besos ardientes
que brindan tus labios
con loca pasión.

Después aunque llore tristeza,
qué me importa estar solo
si me siento feliz.
Morir, a mí nada me importa
si la muerte me ayuda
a soñar con tu amor.
Soñar que te tengo en mis brazos,
que te doy mis caricias
con todas las fuerzas
de mi corazón.

HISTORIA DE UN AMOR

Carlos Eleta Almarán
(Panamá)

Ya no estás más a mi lado, corazón,
en el alma solo tengo soledad,
y si ya no puedo verte
por qué dios me hizo quererte
para hacerme sufrir más.
Siempre fuiste la razón de mi existir,
adorarte para mí fue religión,
y en tus besos yo encontraba
el amor que me brindabas,
el calor y la pasión.

Es la historia de un amor
como no habrá otro igual,
que me hizo comprender
todo el bien, todo el mal,
que le dio luz a mi vida
apagándola después;
ay, qué noche tan oscura,
sin tu amor no viviré.

Ya no estás más a mi lado, corazón,
en el alma solo tengo soledad,
y si ya no puedo verte
por qué dios me hizo quererte
para hacerme sufrir más.

IRREMEDIABLEMENTE SOLO

Avelino Muñoz
(Panamá)

Estoy solo,
irremediablemente solo,
ahora sé que tú nunca
llegarás a mi soledad.
Hoy te has ido
para siempre de mi lado,
has abierto una herida
que jamás ha de cerrar.

A tu amor mi cariño
se aferró desesperadamente
y no sé por qué tus labios
pronunciáronme el adiós.
Ahora, mi vida, estoy solo,
tan irremediablemente solo
que no espero en la vida
más que llanto y dolor.

DESESPERANZA

María Luisa Escobar
(Venezuela)

Nunca me iré de tu vida
ni tú de mi corazón;
aunque por otros caminos
nos lleve el destino,
qué importa a los dos.
Te llevo dentro del alma

como un tatuaje de sol,
y entre mis venas palpita
la llama encendida
de tu corazón.
En una noche callada
te fuiste y no has vuelto,
mi vida entera te llama
y anhela tus besos... míos.

¿Es que tú acaso no escuchas
mi grito doliente,
la voz de mi alma
que llora tu amor,
y te pide que vuelvas
con tus labios ardientes
y tu alma encendida
a volverme la vida
que un día te llevaste
con mi corazón,
con mi corazón?

TE BUSCO

Lucho Bermúdez
(Colombia)

Te busco por la distancia
con una angustia de llanto,
amor de la adolescencia,
virgencita de mi encanto.
Y solo encuentro el recuerdo
que me dice entristecido
que no volverán los besos
que volaron al olvido.

Tus besos, tus manos blancas,
la dulzura de tus ojos
ya no alegrarán mi senda
multiplicada de abrojos.
Virgencita de mis sueños,
la distancia te ocultó,
pero vive aquel recuerdo
de un amor que se esfumó.

VANIDAD

Armando González
(Perú)

Sembramos de espinas el camino,
sembramos de penas el amor,
y luego culpamos al destino
de nuestro error

Vanidad, por tu culpa he perdido
un amor, vanidad, que no puedo olvidar.
Vanidad, con las alas doradas,
yo quisiera reír y me pongo a llorar.
Me cegué, y la arranqué de mi vida
pero hoy la volviera a besar.
Vanidad, con las alas doradas,
yo quisiera reír y me pongo a llorar.

SOMOS

Mario Clavell
(Argentina)

Después que nos besamos
con el alma y con la vida
te fuiste por la noche
de aquella despedida.
Y yo sentí que al irte
mi pecho sollozaba
la confidencia triste
de nuestro amor así.

Somos un sueño imposible
que busca la noche
para olvidarse del mundo,
de dios y de todo;
somos en nuestra quimera
doliente y querida,
dos hojas que el viento
juntó en el otoño, ay.

Somos dos seres en uno
que amando se mueren,
para guardar en secreto
lo mucho que quieren,
pero ¿qué importa la vida
con esta separación?
Somos dos gotas de llanto
en una canción.
Nada más eso somos,
nada más.

DOS ALMAS

Don Fabián
(Argentina)

Dos almas que en el mundo
había unido dios;
dos almas que se amaban,
eso éramos tu y yo.
Por la sangrante herida
de nuestro inmenso amor,
nos dábamos la vida
como jamás se dio.

Un día en el camino
que cruzaban nuestras almas
surgió una sombra de odio
que nos apartó a los dos.
Y desde aquel instante
mejor fuera morir:
ni cerca ni distantes
podemos ya vivir,
ni cerca ni distantes
podemos ya vivir.

VENGANZA

Lupicinio Rodrigues
(Brasil)

Yo gocé tanto, tanto,
cuando me lo contaron,
que te encontraron bebiendo
y llorando en la mesa del bar.

Y que cuando hubo amigos
tan fieles que por mí preguntaron,
un sollozo que ahogaba tu voz
no te dejó ni hablar.
Yo gocé tanto, tanto,
cuando me lo contaron,
que tuve entonces que hacer
un esfuerzo para no llorar.

El dolor tal vez sea la causa
de mi desconsuelo,
tú tenías que estar bien conciente
de lo que pasó,
para hacerme pasar esa vergüenza
con un compañero,
la vergüenza es la herencia mayor
que el tiempo me dejó.
Pero en cuanto haya fuerza
en mi pecho
no quiero más nada que venganza,
venganza, venganza al cielo clamar.
Porque tú has de rodar
cual las piedras que van rueda y rueda
sin hallar un pedazo de tierra
donde descansar.

AMADA AMANTE

Roberto y Erasmo Carlos
(Brasil)

Este amor que tú me has dado,
ese amor que no esperaba,
es aquel que yo soñé.
Va creciendo como el fuego,

la verdad es que a tu lado
es hermoso dar amor.
Y es que tú, amada amante,
das la vida en un instante
sin pedir ningún favor.

Este amor siempre es sincero,
sin saber lo que es el miedo,
no parece ser real.
Qué me importa haber sufrido
si ya tengo lo más bello
y me da felicidad.
Amada amante, amada amante,
amada amante, amada amante.

PUENTE DE PIEDRA

Carmelo Larrea
(España)

Ya no brillan las estrellas
y la luna está muy triste,
y repican las campanas
desde el día en que te fuiste.
Ya se quedó el puente solo,
tu casa está abandonada
y en la ventana una rosa
ha quedado deshojada.

Dime tú, puente de piedra,
dónde se ha ido,
dónde se ha ido,
si se fue por la cañada
o por la orilla del río,
Dime tú, puente de piedra,

si me ha olvidado,
si me ha olvidado,
y si sabe que he quedado,
y si sabe que he quedado
con el corazón herido.
Dime, luna..., puente de piedra.

TE SIGO ESPERANDO

Manolo Palos
(España)

Dulces recuerdos de días pasados
que ya nunca más volverán...
siento en mi boca
la cálida huella de un beso fugaz...
¿Por qué te fuiste?
¿Por qué no vienes?
Ven, que te espero;
ven, que me muero, ven.

Te sigo esperando,
te sigo aguardando,
testigo es la noche
de mi padecer.
Te fuiste aquel día
que nos conocimos,
dijiste...«espera
que yo he de volver».
Pasaron muy lentos los días,
pasaron muy lentos los años
y acude a mi mente la idea
de que ya jamás regresarás.
Mas sigo esperando,
te sigo aguardando,

te sigo queriendo,
no te traicioné.

¿QUÉ TAL TE VA SIN MÍ?

Manuel Alejandro
(España)

Me alegro mucho de volver a verte,
tú sabes que no he sido rencoroso;
perdóname si ves que estoy nervioso,
no te esperaba aquí tan de repente.
Me alegro de encontrarte tan bonita,
te juro que te veo maravillosa,
será que al fin te van muy bien las cosas
o tratas de ocultarme tu desdicha.

¿Qué tal te va sin mí?
Dime que a ti te va muy bien,
que en realidad quieres volver
a estar conmigo.
No intentes sonreír,
veo en tus ojos la verdad
y hay más tristeza y ansiedad
que al lado mío.

¿Qué tal te va sin mí?
¿Has encontrado algo mejor
o has comprendido que el amor
no se improvisa?
Si quieres regresar
hazlo de prisa, hazlo ya,
que yo también quiero volver
a estar contigo, como estábamos ayer.

ÍNDICE

El bolero en Cuba / 7
El bolero en Puerto Rico / 23
El bolero en República Dominicana / 31
El bolero en México / 33
El bolero en Centroamérica / 43
    En Panamá / 43
    En Costa Rica / 44
    En otros países / 44
El bolero en Suramérica / 45
    En Venezuela / 45
    En Colombia / 46
    En Ecuador / 48
    En Perú / 49
    En Chile / 50
    En Argentina / 51
    En Bolivia / 54
    En Brasil / 54
El bolero en España / 56
Bibliografía / 59
Conversación en tiempo de bolero / 61
Recuerdos del alma / 71
    Retorna (Sindo Garay) / 73
    Doble inconsciencia (Manuel Corona) / 73
    Lágrimas negras (Miguel Matamoros) / 74
    Como arrullo de palmas (Ernesto Lecuona) / 75
    Aquellos ojos verdes (Nilo Menéndez-Adolfo Utrera) / 76
    Nosotros (Pedro Junco) / 77
    Toda una vida (Osvaldo Farrés) / 78
    No te importe saber (René Touzet) / 78
    No vale la pena (Orlando de la Rosa) / 79
    Inolvidable (Julio Gutiérrez) / 80
    Dos gardenias (Isolina Carrillo) / 81
    No puedo ser feliz (Adolfo Guzmán) / 81
    La vida es un sueño (Arsenio Rodríguez) / 82
    Plazos traicioneros (Luis Marquetti) / 83
    Cosas del alma (Pepé Delgado) / 84

Contigo en la distancia (César Portillo de la Luz) / 84
La gloria eres tú (José Antonio Méndez) / 85
Tú me acostumbraste (Frank Domínguez) / 86
En la imaginación (Marta Valdés) / 86
Silencio (Rafael Hernández) / 87
Obsesión (Pedro Flores) / 87
Madrigal (Felipe Goyco) / 88
En mi viejo San Juan (Noel Estrada) / 89
Poquita fe (Bobby Capó) / 90
Vuelve (Benito de Jesús) / 90
Cataclismo (Esteban Taronjí) / 91
Espérame en el cielo (Paquito López Vidal) / 92
Aunque me cueste la vida (Luis Kalaff) / 93
Y... (Mario de Jesús) / 93
Nunca (Guty Cárdenas-R. López Méndez) / 94
Mujer (Agustín Lara) / 95
Volveré (María Grever) / 95
Vereda tropical (Gonzalo Curiel) / 96
Miénteme (Armando Domínguez) / 97
Desesperadamente (Gabriel Ruiz) / 98
Que te vaya bien (Federico Baena) / 98
Cenizas (Wello Rivas) / 99
Verdad amarga (Consuelo Velázquez) / 100
Viajera (Luis Arcaraz-Mario Molina Montes) / 100
Mucho corazón (Enma Elena Valdelamar) / 101
Sin un amor (Alfredo Gil-Chucho Navarro) / 102
Sabor a mí (Álvaro Carrillo) / 103
La barca (Roberto Cantoral) / 103
No me platiques (Vicente Garrido) / 104
Contigo aprendí (Armando Manzanero) / 105
Pensando en ti (Alfonso Torres) / 106
Sinceridad (Gastón Pérez) / 106
Soñar (Arturo Hassan) / 107
Historia de un amor (Carlos Eleta Almarán) / 108
Irremediablemente solo (Avelino Muñoz) / 109
Desesperanza (María Luisa Escobar) / 109
Te busco (Lucho Bermúdez) / 110
Vanidad (Armando González) / 111
Somos (Mario Clavell) / 112
Dos almas (Don Fabián) / 113

Venganza (Lupicinio Rodrigues) / 113
Amada amante (Roberto y Erasmo Carlos) / 114
Puente de piedra (Carmelo Larrea) / 115
Te sigo esperando (Manolo Palos) / 116
¿Qué tal te va sin mi? (Manuel Alejandro) / 117

IMPRENTA
ALEJO CARPENTIER
Este libro es copia fiel del original